Le Retour en Héros d'un Enfant du Pays

Sarah Amanda Njuwou Schue

Le Retour en Héros

d'un Enfant du Pays

La fuite des cerveaux : une tragédie pour les pays en

développement

© 2009, Sarah Amanda Njuwou Schue
Edition : Books on Demand, 12/14, rond-point des Champs Elysées, 75008 Paris, France
Imprimé par : Books on Demand GmbH, Norderstedt, Allemagne
ISBN 978-2-8106-0766-2
Dépôt légal : janvier 2010

AVANT PROPOS

Mon oeuvre d'art qui vise l'actualité côtoie le rire et le pleur, il est structuré de l'éthique et de l'esthétique. L'éthique rejoint la valeur, celle qui souligne ici l'importance à travers la dénonciation des maux, des problèmes, des tares qui minent la société notamment : la misère, la pauvreté, la corruption, la prostitution en tout genre... elle suscite aussi la prise de conscience des faits sociaux tout aussi nocifs tels que le racisme, les inégalités sociales..., tandis que l'esthétique ici est caractérisée par le divertissement et le rire où ici on se transcende d'un monde réel en se mettant à la place du personnage.

BIOGRAPHIE DE PATRICK

Patrick est issu d'une famille africaine immigrée en France depuis longtemps. Il est âgé de trois ans lorsqu'il perd ses parents dans un accident de voiture.

Il est adopté par une famille de blancs chez qui sa mère travaillait comme femme de ménage.

Ses parents adoptifs n'ayant jamais été en Afrique, ils ne songent pas à l'emmener faire connaissance avec son pays d'origine.

Patrick grandit donc dans une atmosphère européenne sans jamais retourner faire connaissance avec ses origines africaines. Brillant élève, il entre à l'âge de dix-huit ans à l'université de la Sorbonne à Paris où il fait la connaissance de Christelle.

Il opte pour une carrière d'avocat et fait des études de droit qu'il finit à l'âge de 22 ans. Après avoir réussi son doctorat à l'âge de 30 ans, il fait une brillante carrière d'avocat et devient très riche : il s'achète une grosse villa et une belle voiture Rolls-Royce.

SYNOPSIS DÉTAILLÉ (un amour perdu et retrouvé) :

Patrick et Christelle se sont rencontrés à l'université. Tombés amoureux l'un de l'autre, ils ont décidé de se fiancer et de se marier après avoir terminé leur doctorat.

Patrick est étudiant en droit et Christelle en biologie.

Après avoir soutenu leur thèse, tous deux se sont juré fidélité jusqu'au jour de leurs noces.

Malheureusement, leurs chemins vont se séparer : Christelle s'envole pour l'Afrique pour faire des recherches scientifiques sur les plantes, tandis que Patrick reste en Europe faire des stages dans des cabinets d'avocats. C'est la toute première fois que le couple se sépare pour une longue durée.

Pendant l'absence de Christelle, Patrick devient coureur de jupon. Un courrier met Christelle au courant de cette horrible situation, elle devient si jalouse qu'elle veut lui jeter un sort pour sauver leur amour. Elle s'en va voir un marabout qu'elle connaissait de réputation. Polygame, cet homme a en effet réussi à démasquer sa deuxième épouse qui le trompait grâce à un grigri fétiche utilisé comme piège d'infidélité. Le marabout lui propose deux possibilités : la première est d'appeler mystiquement Patrick, l'élu de son cœur, de façon à ce qu'il la rejoigne en Afrique. La deuxième possibilité est de rendre Patrick impuissant en présence de toute autre femme que Christelle. La première tentative échoue, ils tentent alors la seconde possibilité, celle-ci marche, Patrick devient impuissant avec toute autre femme que Christelle.

Après avoir fait de nombreuses recherches sur le changement subi de sa vie sexuelle, consulté des sexologues sans suite favorable, Patrick consulte une vieille voyante européenne utilisant une boule de cristal qui lui apprend qu'il a été ensorcelé par son ex-petite amie. Patrick est persuadé d'avoir trouvé le grand amour avec Jessica, sa dernière conquête. Il désire partager sa vie avec elle. Mais malheureusement, il ne parvient jamais à lui faire l'amour. Grâce à un de ses clients qui est demandeur d'asile politique en France, Patrick retrouve les traces de Christelle. Il s'en va le plus rapidement possible à sa recherche en Afrique afin de retrouver son équilibre sexuel et retourner ensuite en France satisfaire celle qui l'attend avec impatience depuis si longtemps.

Ce pays africain si lointain, en voie de développement, lui est pratiquement inconnu, son voyage est pour lui une pénible épreuve. Il découvre son pays d'origine avec toutes ses tristes réalités, dont la pauvreté.

Après avoir fait l'analyse de ces problèmes africains, il constate que la cause principale du sous-développement est la fuite des cerveaux. Profondément ému par cette triste situation qui le concerne aussi en partie, il essaie de faire la chasse aux cerveaux dès son retour en Europe pour les rendre à l'Afrique.

Quand il revoit son ex-petite amie, Christelle, il comprend à quel point elle l'aime, et il en est touché. Guéri de son impuissance, il retourne en France.

Après son retour d'Afrique, il se sent comme hanté par l'Afrique, obsédé par ce qu'il a vécu, il y pense sans cesse. Il comprend à quel point son pays d'origine a besoin de lui. Par conscience de son devoir, il décide de rompre son contrat d'avocat pour retourner en Afrique et apporter son aide dans la lutte contre le sous-développement.

Après son retour d'Afrique, un soir qu'il est au lit avec Jessica, il se rend compte qu'il est toujours impuissant bien qu'il ait retrouvé son état sexuel normal en Afrique. Il se demande : « Mais ! Pourquoi cela m'arrive-t-il encore ? » Et il se dit que, sûrement, il aime encore Christelle. De fait, son cœur balance. Il se rend compte qu'il était en train de se tromper du chemin avec Jessica. Il décide d'aller se jeter aux pieds de Christelle pour lui demander pardon.

Un flash-back nous permet de revenir en France au mois de septembre 2001

Nous sommes en France au mois de septembre 2001, l'été tire à sa fin ! Patrick et Christelle vivent tranquillement dans une chambre d'étudiant de la Sorbonne à Paris. Ils partagent le loyer et fréquentent la même université. Ils sont très brillants, chacun dans sa discipline, Patrick en droit et Christelle dans la recherche biologique sur les plantes. L'amour les unit solidement. Ils sont très attentifs l'un à l'autre, ils s'adorent vraiment. C'est donc normal que leur projet soit de se marier plus tard. Mais le fait que Christelle doive partir pour l'Afrique déclenche une histoire pleine de rebondissements tragiques.

On voit Christelle fondre en larmes sur l'épaule de Patrick qui essaie de la consoler.

— Ma chérie ! Sache que je saurai t'attendre, je te le promets. Mon but est de faire ton bonheur. Crois-moi, j'ai du mal à accepter que tu partes. J'ai du mal à imaginer comment tu vas t'en sortir dans ces contrées si lointaines.

— Ne t'en fais pas mon amour ! Je vais dans un petit village et j'aurai des guides avec moi. Ce voyage est très important pour mes recherches. Les vraies motivations de ce voyage sont complexes, mais n'oublie pas qu'au-delà de tout ça, je tiens énormément à toi. Je pars juste pour deux ans.

En l'embrassant passionnément, elle lui souffle à l'oreille : « J'espère que tu m'attendras, je reviendrai te rejoindre toutes les fois que ça sera possible, je te promets ! »

Sur ce, ils se disent au revoir avec des larmes dans les yeux et se jurent fidélité en s'embrassant passionnément. *(Cette séparation est très forte en émotions.)*

Puis, curieusement, loin de Christelle, Patrick est devenu une autre personne. Un vrai coureur qui tire sur tout ce qui bouge. Il ne sait plus résister aux multiples provocations des filles qui lui tournent autour.

Quelque temps après le départ de Christelle, Patrick est appelé à faire son stage chez un ancien avocat.

Un lundi matin, Patrick a son premier rendez-vous au cabinet de cet ancien avocat, il arrive juste à l'heure. Il sonne à la porte, une jeune demoiselle du nom de Nadine Bardier, la secrétaire de l'avocat Piqué, vient l'accueillir avec un petit sourire aux lèvres.

PATRICK — Bonjour Mademoiselle !

NADINE — Bonjour Monsieur ! Vous êtes Monsieur Patrick Demanton, je suppose ?

PATRICK — Oui ! C'est bien cela mademoiselle, je suis attendu par Maître Piqué.

NADINE — Ah oui ! Patientez une minute dans la salle d'attente, je vais vous annoncer.

Nadine retourne dans son bureau et appelle l'avocat par l'interphone : « Maître ! Votre rendez-vous est là ! »

LA VOIX OFF DU MAÎTRE — Faites entrer, je vous prie.

NADINE A PATRICK — Monsieur Demanton ! Le maître vous attend.

Patrick se hâte d'entrer dans le bureau du maître.

Après une demi-heure d'entretien avec le maître dans son cabinet, Patrick sort de bonne humeur, tout s'est plutôt bien passé, il commence son stage dès le lendemain matin.

PATRICK À NADINE — Au revoir Mademoiselle !

NADINE — Au revoir Monsieur !

Patrick s'en va sans savoir qu'il a tapé dans l'œil de Nadine.

Nadine se saisit alors de son sac à main et en sort son petit miroir de poche pour s'y regarder, puis elle attrape vite le téléphone et appelle sa copine Lilas : « Eh ! Fille ! Dis ! Devine quoi ? »

LILAS — Qu'y a-t-il encore grosse maline ?

NADINE — Je sens que je vais tomber sans glisser pour quelqu'un que je ne connais même pas encore !

LILAS — Tu es folle ? Tu plaisantes ou quoi ?

NADINE — Je te dis ! Blague à part ! Je ne rigole pas ! Dis ! C'est un jeune talent ! Un beau gosse qui vient faire son stage de fin d'études chez nous. Ah ! Il est beau comme un cœur, je crois que je suis folle de lui ! Il m'a l'air cool, tu sais ? Le genre d'homme coincé qui ne regarde pas plus loin que le bout de son nez ! Je t'assure que si c'est le cas, je vais le décoincer, je parie qu'il ne connaît pas beaucoup de nanas, je vais tout faire pour l'avoir, tu verras.

LILAS — Donc, il n'est pas encore vacciné ton beau gosse d'après toi ? (Elle éclate de rire) Ah ! Ah ah ! Décidément, madame louche sur un inconnu ! Eh bien ! Dis-moi : comment vas-tu faire avec ton Vincent qui te colle toujours ? Comment tu vas t'en débarrasser, dis ?

NADINE — Ah ! Pour celui-là, ne t'en fais pas fille ! Je vais aller le trouver dès ce soir pour lui dire qu'entre moi et lui, c'est plutôt boiteux.

LILAS — Eh bien ! Tu veux un conseil, poussin ? Ne fais surtout pas ça ! Ne sois pas pressée ainsi, sinon tu vas tout gâcher des deux côtés ! N'oublie pas que tu aimes encore Vincent, ne saute donc pas sur cet inconnu pour lui dévoiler tout ce que tu as dans le cœur. Attends d'abord de voir si ça marche entre toi et ton beau gosse avant de dire quoi que ce soit à Vincent.

NADINE — Eh bien ! Ma vieille poule ! Tu sais que je comprends toujours tes conseils, mais cette fois-ci, c'est non ! Je fais ce que mon cœur désire ! Allez ! Salut ma vieille !

Elle raccroche au nez de Lilas.

Après le boulot, Nadine s'en va au magasin de vêtements sexy pour changer toute sa garde-robe et se relooker.

Le lendemain, au bureau, elle attaque : en présence de Patrick, elle adopte une façon provocante de s'asseoir en laissant voir ses belles cuisses. Finalement, Nadine fait tout pour séduire Patrick qui tombe aussitôt dans son piège.

Patrick finit par céder aux nombreuses provocations de Nadine : un soir après le boulot, il l'invite à dîner. Après le dîner, Nadine lui dit en s'accrochant à son épaule : « Chéri ! Dépose-moi chez moi s'il te plaît ! J'ai bu un verre de trop. Sinon, j'appelle un taxi ! »

Aussitôt dit, elle appelle : « Taxi ! »

PATRICK — OK ! C'est pas la peine d'appeler un taxi ! Viens ! Je te dépose volontiers chez toi !

Une fois arrivée chez elle, Nadine invite Patrick à prendre un dernier verre.

PATRICK — Ah ! Zut ! J'ai oublié de prévenir ma mère que je ne serai pas là pour le dîner de ce soir.

NADINE — C'est pas bien grave mon lapin ! Montons et tu pourras téléphoner de chez moi.

Une fois chez elle, Nadine file dans sa chambre à coucher pour se déshabiller. Elle ne garde que ses bas et ses porte-jarretelles, puis elle rejoint Patrick au salon.

Patrick finit de téléphoner à sa mère qui s'inquiétait déjà de son retard, il raccroche et se retourne.

PATRICK — Merci Nadine ! Je file maintenant chez moi, il est bien tard déjà.

À sa grande surprise, il découvre Nadine transformée. Étonné de cette métamorphose subite, il s'adresse à Nadine.

PATRICK — C'est quoi cette tenue d'Eve ?

Nadine le fixe dans les yeux et lui répond :

NADINE — Adam ! Ne fais pas le malin ! Tu es monté ici pour coucher avec moi et tu le sais aussi bien que moi !

Étonné de sa réponse, il la fixe un laps de temps dans les yeux et lui répond :

PATRICK — Et Eve a dit oui !

Nadine saute sur lui et l'embrasse tendrement, elle lui enlève sa chemise, puis elle enlève aussi la ceinture de son pantalon et elle l'entraîne dans sa chambre à coucher, et ils passent un agréable moment.

Après, Nadine se lève du lit et laisse Patrick pour aller prendre un bain. Seul dans le lit, Patrick réfléchit.

PATRICK — Une fois de plus, je n'ai pas su résister à son charme, mais tout cela ne rime à rien, j'aime Christelle moi.

Après cet événement, Patrick est désormais décoincé. Une fois décoincé, il n'a plus peur de rien. Il passe donc de Nadine à sa copine Lilas, qui l'entraîne à son tour en boîte de nuit. Pour finir, Patrick devient un coureur de jupons qui tire sur tout ce qui bouge près de lui, sans plus se soucier de rien, même pas de Christelle, à qui il avait juré un amour éternel. Il côtoie donc plein de filles, si bien que Christelle lui devient indifférente.Jamais il ne se soucie de Christelle. Elle, au contraire, lui reste très fidèle. Ainsi, pour qu'il ne souffre pas de son absence, elle se donne beaucoup de peine et chaque fois qu'elle a du temps libre, elle lui écrit des poèmes d'amour. Sa stratégie pour posséder toujours le cœur de Patrick est de lui manifester par des écrits, pour être présente dans son cœur à jamais. Elle se dit que plus on fait des sacrifices quand on aime et plus le bonheur est parfait. Pour elle, c'est précisément dans ces pénibles circonstances que l'amour montre toute sa grandeur. Elle adopte donc une stratégie unique pour lui prouver son amour. Elle voudrait être présente dans le cœur de Patrick et ainsi hanter son esprit.

Elle lui écrit « Patrick ! Mon chéri ! Loin de toi, j'ai froid ! Et j'ai soif de toi ! Ton ombre me suit partout. Quand je reviendrai te retrouver et te dire combien je t'aime, je libérerai enfin mon âme. C'est un enfer, je n'en peux plus. J'ai hâte d'être aux grandes vacances. J'avoue que loin de toi, j'ai compris à quel point tu es cher à mon cœur ! Chéri, mon amour, je n'aime que toi ! Je ne vis que pour toi et rien que pour toi ! Je ne me lasserai jamais de t'aimer. Malgré la distance qui m'éloigne de toi, crois-moi, je suis restée fidèle ! Je pense à toi sans arrêt et ne rêve qu'à toi ! Bien que tu sois si loin de mes yeux, tu es tout près de mon cœur qui reste plein d'amour pour toi et s'impatiente. Peux-tu me comprendre ? Mon amour ! Si loin de toi, je me sens encore plus attachée à toi. Le temps me paraît si long, mais je peux te jurer qu'il ne change rien à mon amour pour toi. »

Elle ne finit jamais ses lettres sans lui parler de la beauté de la flore africaine, du progrès de ses recherches et de l'hospitalité du peuple africain qu'elle apprécie tant. Elle lui raconte aussi ses aventures avec la nature africaine, les couleurs qu'elle trouve si remarquablement belles. Elle lui parle de la végétation, de la terre rouge, des habitants du village qui sont si accueillants, si humainement gentils, de la façon dont les gens se comportent avec elle, avec tant de courtoisie et tant d'amitié. Elle est très heureuse, mais quelque chose de plus cher à son cœur lui manque : revoir un jour Patrick, l'élu de son cœur, et lui dire combien elle l'aime.

Malheureusement, dans ce village africain éloigné de la ville, il n'y a pas de téléphone. Les gens qui désirent avoir des contacts par téléphone vont chez le marabout du village et lui donnent quelques noix de cola et un ou deux poulets pour qu'il aille téléphoner mystiquement au pied du grand baobab considéré comme un satellite traditionnel. Il peut téléphoner partout dans le monde. Avec un long bâton mystique, il frappe sur le baobab pour téléphoner partout où vous désirez, même jusqu'en Amérique s'il le faut, pour transmettre votre message à votre correspondant.

Aux vacances de Pâques, Christelle revient en France pour voir Patrick, sans rien savoir de ses infidélités. Il est devenu cynique et insensé, si bien qu'il vient attendre Christelle à l'aéroport en compagnie d'une de ses coquettes avec qui il a passé la nuit précédente. Lorsqu'il aperçoit Christelle parmi les voyageurs, il demande à sa conquête de s'éclipser. Christelle descend de l'avion et Patrick court à sa rencontre. Ils s'embrassent tendrement.

Dès leur arrivée à la maison, c'est une catastrophe pour Christelle ! Elle découvre de grands changements dans la maison : des filles viennent sonner sans interruption.

Elle est venue d'Afrique juste pour quelques jours. Juste après, aux vacances de Noël, Christelle s'en va à nouveau en France rejoindre Patrick. Pendant son court séjour, elle remarque que tout a changé, son homme n'est plus le même. Il y a trop de va-et-vient, de nombreuses femmes passent et demandent à voir Patrick. Pour finir, Christelle se demande même si Patrick n'aurait pas changé de métier et ne serait pas devenu gynécologue, elle ne comprend plus rien.

Quand elles sonnent à la porte, Christelle va vite ouvrir et découvre chaque fois une personne différente de celle à qui elle a ouvert cinq minutes auparavant.Pour finir, elle en a marre et commence à se demander ce qui s'est réellement passé pendant son absence. D'abord, ses affaires ont changé de place. Elle est une grande maniaque qui tient toujours ses affaires en ordre. Son compagnon le sait, si bien que d'habitude il ne change jamais l'emplacement de ses affaires.

Un matin, Christelle va rendre visite à sa famille. À son retour le soir, elle ouvre la porte de sa maison et, à sa grande surprise, trouve celle-ci pleine de fumée de cigarettes. Tous les tiroirs sont ouverts, le linge répandu sur le sol. Elle voit quatre inconnues assisent sur les genoux de Patrick, qui est installé gaiment dans son fauteuil, la table chargée de bouteilles de champagne, whisky et bein d'autres boissons alcoolisées. Il est entouré de ces filles qui se sont transformées en créatures nocturnes : les cheveux tintés en rouge et bleu et dressés en l'air. Elles sont coiffer en punks. Les piercings à leurs bouches et leurs nez, bref partout sur leur corps. Leurs lèvres maquillées au rouge à lèvres noir brillant. Elles ont des très longs ongles vernis en noir, des grands faux cils aux paupières dressés par le mascara qui augmente le volume de leurs cils qui font d'elles des femmes diaboliques. Elles ont des longues cigarettes aux doigts qu'elles fument comme des pompiers. Comme si cela ne suffisait pas, elle constate que ces filles se sont emparées de ses bijoux et de ses robes de chambres pour séduire Patrick. Patrick s'offre le plaisir de s'amouracher avec elles.

Christelle porte sa main à sa poitrine, complètement meurtrie par ce qu'elle voit. Elle s'adresse à Patrick :

— Mais... Qu'est-ce qui se passe ? Qu'est-ce que cela signifie ?

Les filles dans les bras de Patrick répliquent :

— Mais... Voyons ! Loup ! Qu'est-ce que c'est ça ? Que fait cette traînée, cette téatruc ici ?

Christelle n'a plus que ses larmes pour montrer sa déception. Elle file le plus vite possible dans sa cuisine. Elle prend dans ses bras son chat qui miaulait dans le coin de la cuisine. Il est sa seule consolation. Elle se sauve de la maison en pleurs. Elle est hallucinée par cet amour devenu incertain. Obsédée par l'amour qu'elle voue à Patrick, Christelle refuse d'accepter la réalité en face et décide de regagner leur maison malgré cette épreuve.

Le lendemain, dès le retour de Patrick à la maison après son boulot, Christelle lui pose quelques questions :

— Chéri ! Dis-moi ! Je veux savoir la vérité ! Est-ce que tu m'aimes encore en réalité ? Réponds-moi s'il te plaît mon petit cœur ! Tu me caches quelque chose, mon intuition de femme me le souffle.

Il lui répond en titubant.

— Mais... mais... bien sûr que je t'aime ma chérie ! Quelle question ! Je suis même fou de toi ! Si tu veux savoir, tu es tout ce que j'ai de plus cher dans la vie, je te désire tant.

Alors, déçue, submergée par la tristesse, elle n'a plus que ses larmes pour exprimer tout ce qui est dans son cœur. Déçue, même si elle voudrait être rassurée par tous ces grands mots flatteurs. Tout de même, elle garde son calme jusqu'à son retour en Afrique. Elle a encore un an pour finir ses projets de recherche.

À son retour en Afrique, elle a le cœur brisé, elle est devenue si triste, mais elle ne perd pas l'espoir de regagner le cœur de Patrick un jour. Elle se dit : « Même s'il faut que je lui jette un sort pour qu'il m'aime encore, je le ferai sans hésiter, ce serait bien regrettable que notre amour s'achève ainsi, je veux me battre pour nous sauver. »

Ne voulant pas du tout lâcher la corde, elle se met à la recherche d'une solution pour pouvoir sauver leur amour.

Dans le village où habite Christelle vit Babady, le marabout polygame avec ses deux femmes. Sa première épouse s'appelle Fatoumata et Fanta est le nom de sa deuxième épouse. Babady le marabout vit avec ses deux femmes dans un enclos ceint par des nattes en paille de palmier. Sa case, placée au milieu, est entourée des deux cases de ses femmes, chacune logeant dans sa case privée. Babady le marabout exerce le métier de guérisseur traditionnel et il est aussi commerçant : il a un magasin de pagnes super wax dont toutes les femmes raffolent dans le village. Très souvent, il s'absente pour affaires. Pendant ce temps, l'une de ses femmes en profite pour le tromper avec un autre homme. Jusqu'au jour où sa vieille mère Aminata se rend compte de l'infidélité de sa belle-fille. Elle appelle alors discrètement son fils dans sa case pour lui en parler : « Mon fils ! J'ai une mauvaise nouvelle à t'annoncer concernant tes épouses ! »

BABADY — Oui mère ! Qu'est-ce qui ne va pas encore ? Tu ne finiras jamais de te plaindre de mes épouses hein ?

LA MÈRE — Il s'agit effectivement de tes deux femmes ! Je constate que l'une d'elles ne t'est sans doute pas fidèle, elle te trompe avec un autre homme, crois-moi. Je te conseille, mon cher fils, de faire surveiller ton domicile par quelqu'un pendant ton absence.

BABADY — Ah non, mère ! C'est pas vrai ! J'ai confiance en mes deux femmes... Elles ne peuvent pas me faire cela ! Je sais que tu as toujours douté de mes femmes, je les connais mieux que personne ! Mais je te promets mère ! Je ferai tout de même mon enquête à ce sujet, pour savoir la vérité, tu n'ignores pas mon pouvoir ! Je te remercie beaucoup, mère.

Il avait tendance à ne pas croire sa mère, car ses femmes avaient l'habitude de se plaindre à lui en disant que sa mère était une méchante belle-mère et qu'elle était jalouse d'elles. De retour chez lui, il fit venir son grand ami Ali pour se confier à lui.

BABADY — Mon cher ami ! J'ai du piment et du sable dans les yeux !

ALI — Quoi ? Dis donc ! Qu'est-ce ce qui t'a mis le piment aux yeux ?

BABADY — Mon piment, c'est mes deux femmes ! Elles me trompent avec... je ne sais qui, ma mère vient de sonner l'alarme aujourd'hui, mais je ne la crois pas tellement, car elle a souvent des petites querelles avec mes femmes. L'une de mes deux femmes est suspectée et je veux savoir la vérité ! Je suis commerçant et mon métier m'oblige à partir très souvent en voyage ! Ce soir, je pars en voyage d'affaires pour dix jours. Je veux te demander de me rendre un service : celui de surveiller mon domicile et mes femmes pendant mon absence ! Ainsi, je pourrai savoir la vérité ! C'est pourquoi je t'ai fait venir ici, frère. S'il te plaît ! Je veux que tu me trouves celle qui est la femme adultère parmi mes deux femmes.

ALI — Mon cher camarade ! Tu peux être tranquille sur ce point, j'aurai l'œil, je vais bien surveiller ton domicile tous les jours pendant ton absence ! Tu peux compter sur moi à ce sujet.

L'affaire conclue discrètement entre eux, les deux amis se serrent la main et se disent au revoir.

Après le départ d'Ali, Babady réunit ses deux femmes pour leur parler de son prochain voyage.

BABADY. — Mes chéries ! Je pars en voyage pour quelques jours ! Je vous laisse assez d'argent pour subvenir à vos besoins alimentaires, comme d'habitude.

Comme convenu entre Ali et Babady, tous les soirs, Ali se rend chez Babady très discrètement et surveille le domicile pendant que les femmes dorment, chacune dans sa case. Il fait ainsi pratiquement tous les soirs, jusqu'au jour où il aperçoit un homme entrer une nuit par la fenêtre de la case de madame Fanta, la deuxième femme de Babady. L'homme ressort quelques heures après, Ali prend note de cette affaire.

Dès le retour de son ami Babady, Ali s'amène discrètement chez Babady pour lui rendre compte de tout ce qu'il a vu chez lui pendant son absence. Les deux amis s'assoient sur la natte à l'abri du grand arbre. En buvant leur thé, ils s'entretiennent des femmes de Babady :

ALI — Cher ami ! Je vais t'annoncer une triste nouvelle qui va sans doute te faire mal. Souffle !

Babady ferme les yeux et, selon la coutume, fait un vœu au plus profond de son cœur.

ALI — Tiens bon, cher ami ! Le poids de l'amour écrase parfois le cœur, paraît-il.

Babady porte la main à son cœur et se dit : « Pourvu que ça ne soit pas celle que je désire tant. »

Ali poursuit. « Cher ami, effectivement, ta deuxième femme, celle qui est ta préférée, te trompe. »

BABADY — Quoi ? Fanta ? OK ! Je te remercie beaucoup, camarade.

Babady, sachant enfin la vérité sur ses femmes, grince des dents, mais il garde tout de même son calme.

Dès le départ d'Ali, Babady appelle ses deux épouses dans sa case pour faire son enquête personnelle. Il leur demande : « Mes chères amours ! Est-ce que l'une d'entre vous me trompe avec quelqu'un d'autre ? Dites-le-moi en réalité, je vous prie ! Je veux savoir ce qui se passe entre vous deux pendant mon absence. »

Les deux femmes lui répondent : « Bien sûr que non ! Mais ! Quelle question, où vas-tu trouver ce genre de question horrible, notre aimable mari ? Nous te sommes si fidèles, tu peux nous croire. »

Fanta, celle qui était la plus suspectée, ajoute : « Quoi ? J'en étais sûre ! Quelle honte tu nous fais maintenant ! C'est encore ta vieille mère jalouse qui te raconte ce genre de sottises sur nous, hein ? Je suis désolée et je me moque éperdument de ce qu'elle a bien pu te dire à notre sujet ! C'est elle qui te met des idées aussi idiotes dans la tête hein ? Laisse-moi te dire que n'importe qui peut témoigner de notre fidélité dans ce village ! Nous te sommes fidèles ! Crois-nous. »

Babady, sachant déjà qu'il est réellement cocu, devient furieux et jaloux.

Très sûr du témoignage de son ami Ali, il sait qu'il y a sans doute quelque chose qu'elles lui cachent, mais il garde tout son calme malgré le feu qui lui brûle le cœur.

BABADY — Bon ! D'accord Mesdames ! Pardonnez-moi de vous avoir sous-estimées mes chéries ! Bon ! J'étais effectivement chez ma mère ce matin, elle est si fatiguée ces derniers temps vous savez ? Ses rhumatismes aux pieds sont tels qu'elle n'arrive même plus à faire son ménage toute seule. Je vous envoie donc chez elle pour tout cet après-midi, pour lui donner un coup de main. Vous allez lui faire son ménage et préparer aussi son dîner de ce soir.

Après le départ de ses femmes chez sa mère, Babady s'en va au marché le plus vite possible, pour acheter tout le nécessaire pour la préparation du fétiche, un grigri-piège d'adultères. Babady fait ses courses : il achète deux canaris en terre cuite, vingt gros piments rouges antillais. Puis il retourne chez lui pour porter son grand boubou mystérieux. Ensuite, il se rend discrètement dans la forêt à la recherche de ses plantes magiques dont lui seul connaît le secret et la puissance. Il prélève aussi quelques écorces d'arbres qu'il mélange avec les plantes et le piment. Il écrase le tout, ensuite, il prépare les deux canaris en y mettant du grigri fétiche.

Une fois la préparation terminée, il s'introduit rapidement dans chacune des cases de ses deux femmes : il tire le lit à côté, puis il creuse un grand trou dans lequel il plonge le canari-grigri fétiche, puis il referme bien le trou. Ensuite, il tire le lit et le place au dessus du trou.

Cependant, sa première femme, Fatoumata, connaît bien le secret de son mari concernant le piège fétiche d'adultère et sa puissance en cette matière. Jalouse de sa rivale, elle garde le secret de son mari pour elle seule, sans prévenir Fanta.

Dès le retour de ses femmes à la maison, leur mari les reçoit avec un grand sourire aux lèvres comme si de rien n'était.

Le lendemain matin, il appelle de nouveau ses femmes dans sa case après le déjeuner pour leur dire : « Mes deux amours ! Je repars aujourd'hui en voyage d'affaires et je ne serai de retour qu'après une ou deux semaines d'absence, vous m'excuserez mes chéries ! Mon ami Daouda le grossiste a de nouveaux pagnes super wax hollandais qu'il a réservés exceptionnellement pour moi. Tenez, je vous laisse assez d'argent pour satisfaire vos besoins pendant mon absence. »

Babady dit à Fatoumata : « Tu es ma première femme ! Le pilier de ma construction ! Je te laisse la charge de tout. Je te confie toute la responsabilité pendant mon absence. »

Sans rien dire concernant les canaris fétiches cachés en dessous de leur lit, il s'en va en voyage.

Après le départ de leur mari, pendant la nuit alors que Fatoumata dort tranquillement dans sa case avec ses deux petits enfants, Fanta, sa rivale infidèle, fait entrer son amant en cachette par la fenêtre de sa case. Imprudente, elle ignore l'existence du piège d'adultère de son mari. Elle et son amant font l'amour, tout va bien. Après avoir terminé, ils restent collés ensemble : ils sont retenus prisonniers par le piège fétiche. Son amant veut se retirer de Fanta, mais il n'y parvient pas. Il reste donc prisonnier pendant des heures, le grigri fétiche les a attrapés et attachés sans qu'ils se rendent compte de ce qui leur arrivait. Ainsi donc, il cherche mille moyens de se libérer, rien à faire, ils restent prisonnier, collés l'un à l'autre.

Fanta dit à son amant à voix basse : « Aïe ! Aïe ! Aïe ! Dis ! Tu es si gourmand aujourd'hui ! Qu'est-ce qui t'arrive ? Mais ! Arrête ! Je n'en peux plus.

— Je ne comprends pas ma chère, mais... mais... je n'arrive plus à sortir ma bite de ta chatte, fille ! Je ne comprends pas ! Merde ! Merde ! Je suis coincé.

— Quoi ? Tu rigoles ou quoi ?

— Non ma chère ! Oh, oh! C'est pas de la blague, fais quelque chose, merde ! Nom d'une pipe ! Oh, oh! Qu'est-ce qui se passe ?

— Aïe ! Aïe ! Mettons de l'huile rouge de palme dedans ! Essayons de nous mettre debout pour aller chercher la bouteille d'huile qui se trouve à la cuisine.

Ils se mettent debout avec beaucoup de difficulté, ils trottinent ensemble pour aller chercher la bouteille d'huile de palme à la cuisine. Ils versent tout le contenu de la bouteille dans leurs sexes sans réussir à se séparer.

Au début de ce cauchemar, Fanta supportait la douleur, elle poussait des petits cris sans oser hausser la voix de peur d'alerter sa voisine. Pour finir, elle n'en peut plus. Dépassée par les événements et fatiguée de supporter les douleurs dues au piment — vu que le grigri fétiche était à base de piment rouge —, elle commence à crier : « Aïe ! Aïe ! Aïe ! Ooh ! Ooh ! Ooh ! Au secours ! Au secours ! Au secours ! Ça me chauffe comme du piment ! Ho ! Ho ! Y a-t-il quelqu'un qui m'entend ? Par pitié, répondez-moi, je vous prie. »

Ainsi, ils se battent jusqu'au petit matin.

Vers cinq heures du matin, Fanta continue à crier, car le mal persiste. Elle n'ose plus résister aux douleurs et aux brûlures de piment. Pendant que son amant fait aussi tout son possible pour se libérer de sa prison, Fanta finit par se faire entendre de sa rivale Fatoumata.

— Au secours ! Au secours ! Y a-t-il quelqu'un qui m'entend ? Au secours ! Au secours ! Aidez-nous ! Oh! Oh! Oh! Aidez-nous !

Fatoumata se réveille en sursaut et s'exclame dans son dialecte : « Chokate kue mera gam makuete ! » Quoi ? Qu'est-ce ce que j'entends ? Au secours ? Qui est-ce qui crie au secours à pareille heure ? Oh! Oh! Oh! La petite imprudente ! C'est sans doute elle ! Ha c'est bien elle ! Kaïe ! Kaï ! Kaï oualaïh ! Alahouakoubaroue ! Kaï ! Ouoalaïh ! C'est elle ! Ah ! C'est bien elle la petite imprudente ! Elle est sans doute prise par le piège d'adultère de notre mari aah ! OUI ! Aah ! J'avais bien dit ! Oh ! Oh ! Oh ! J'avais bien dit que cette petite imprudente allait finir par se faire prendre par le piège un de ces jours, et voilà maintenant c'est arrivé ! Ho ! Ho! C'est arrivé. »

Vite, elle se lève, ajuste son pagne autour de ses reins, prend son foulard qu'elle attache en vitesse sur sa tête et se couvre en plus d'un voile sombre. Elle se rend en courant chez sa rivale Fanta.

Fatoumata frappe à la porte. Toc, toc, toc...

— Fanta ! Fanta ! Tu m'entends ? Qu'est-ce qui se passe ? Réponds-moi ! C'est moi ! Fatoumata ! Qu'est-ce qui se passe ? Pourquoi ces cris alarmants ? Qu'est-ce qui t'arrive ? Ouvre-moi la porte !

Mais Fanta ne pouvait plus rien entendre, car elle hurlait de toutes ses forces comme une folle.

N'ayant pas de réponse, Fatoumata finit par casser la serrure de la porte. Elle s'introduit dans la chambre à coucher de Fanta, à sa grande surprise, elle trouve un homme couché sur Fanta. Elle met ses deux mains autour de ses reins. Penchée sur le couple, elle crie en s'exclamant en dialecte ; elle danse drôlement en balançant ses fesses de gauche à droit, et elle crie : « Houru ! Houru ! Ohleeet ! Ohleeet ! Holet ! »

L'homme se tourne vers elle, la fixe dans les yeux et lui répond avec sa grosse voix d'homme : « Madame ! Madame ! Si vous êtes entrée, ne jouez pas à la spectatrice, je vous prie ! Aidez-moi à retirer ma bite de sa chatte, je vous prie ! Soyez compatissante, je vous en prie ! Aidez-nous à nous séparer pour l'amour du ciel, madame ! Nous sommes fatigués. Aidez-moi à retirer ma bite de sa chatte, je vous en prie ! Madame ! Par pitié, j'en peux plus, c'est au dessus de mes forces ! Héééé... je suis coincé là-dedans ! Nom d'une pipe ! Vous m'entendez, madame ? Faites quelque chose putain de merde ! Nom d'une pipe je suis coincé là-dedans. »

Fatoumata, toute furieuse, s'approche de l'homme. Elle met ses mains autour de ses reins et lui crie dans l'oreille en balançant ses fesses de gauche à droite continuellement, comme si elle dansait :

— Hoolet... hoolet... hoolet !

Elle tourne en même temps la tête, en faisant des grimaces. Elle répète en agitant la tête :

— « Je suis coincé dedans ! Je suis coincé dedans ! » Ta trompe est venue faire quoi dans la chatte de Fanta, hein ?

Pendant ce temps, Fanta, la victime, répond à Fatoumata :

— Ha ! Ha ! Ne t'occupe pas de sa trompe ! Attrape plutôt ses bras et tire-le, j'étouffe.

Fatoumata à Fanta :

— Je vais voir ce que je peux faire, courage ma chère !

Pleine de bonne volonté, Fatoumata veut à tout prix leur venir en aide. Elle resserre de nouveau son pagne autour de ses reins et écarte ses deux jambes pour avoir de la force. Elle se met bien en position pour leur venir en aide. Elle attrape ensuite l'homme de ses deux mains, puis elle le tire de toutes ses forces pour essayer de les séparer. Hélas, ils ne parviennent toujours pas à se libérer.

Elle s'en va en courant détacher un cheval á la prairie et revient avec le cheval et une corde. Elle attache une patte du cheval et laisse nesuite celui-ci dans la cour. Elle traîne la longue et grosse corde dans la chambre. Elle attache l'homme et, depuis la cour, elle excite le cheval qui tire sur la corde sans réussir À les séparer.

Fatoumata, fatiguée à son tour, n'en peut plus et lâche la corde. Elle dit alors à Fanta sa rivale : « Tiens bon ! Courage ma chère ! Prends patience ! Ne hurle pas ainsi, tu vas finir par alerter tout le village ! Calme-toi je vais voir ce que je peux faire. »

Fatoumata sort de là en courant et se rend à la chefferie pour chercher de l'aide. Malheureusement, ce piège fétiche fait que la femme piégée devra attendre son mari qui vient lui-même constater le fait et libérer le couple adultère s'il le veut.

Fatoumata arrive à la chefferie, elle trouve le chef du village assis dans sa cour. Habillé en gandoura, son grand chapeau sur la tête, il est entouré de ses griots. Selon la coutume, Fatoumata salue le pouvoir du chef. Elle s'avance vers le chef en position courbée. Ensuite, elle frappe dans ses mains pour s'adresser au chef. Elle s'avance doucement et, devant le chef, elle s'abaisse et pointe un de ses doigts vers le sol. Elle adresse avec respect les salutations selon la coutume en dialecte « Allah-reini ku ngue », qui veut dire « Mes hommages, chère panthère ». Ensuite, elle poursuit : « Il est arrivé un drame chez votre aimable serviteur Babady ! »

LE CHEF — Oui ! Je vous écoute ! Qu'est-ce qui ne va pas, femme ?

FATOUMATA — Panthère ! C'est Fanta ma coépouse ! Elle s'est fait prendre cette nuit par le piège d'adultère déposé par notre mari ! Et votre serviteur n'est pas là, panthère ! Il est en voyage.

Les gens du village appellent leur chef panthère pour rendre compte de son pouvoir unique.

LE CHEF — Femme ! C'est entendu.

Il appelle l'un de ses griots qui arrive aussitôt et s'abaisse devant le chef. Le chef lui ordonne d'aller appeler Madame Mariatou, sa voyante privée.

Le griot s'en va en courant à la recherche de la voyante qui arrive aussitôt à la chefferie. Elle s'abaisse devant le chef puis elle frappe dans ses mains.

LA VOYANTE — À votre service, Panthère !

LE CHEF — La deuxième femme de Maloume Babady a été prise cette nuit par le piège d'adultère ! Ils sont restés prisonniers, son époux est en déplacement en ce moment, je veux que tu demandes aux ancêtres ce qu'il faut faire pour leur libération.

Mariatou la voyante étale rapidement sa natte sur le sol et s'assoit dessus en récitant quelques paroles mystérieuses, puis elle sort de son sac féticheur plein d'objets mystiques y compris deux cornes de biche. En récitant des paroles mystiques, elle souffle dessus et place les deux cornes sur le sol. Puis, elle trace des lignes parallèles et diagonales sur le sol en récitant des paroles mystérieuses. Elle fait des petits crachats sur le sol.

Tout à coup, elle crie et s'adresse au chef du village.

LA VOYANTE — Oh! La la ! Kai oalaïh ! Kaï ! Les esprits m'ont parlé, chère Panthère ! Ils m'ont parlé houalaïï ! Panthère ! Ils demandent la présence absolue d'une femme blanche aux longs cheveux et aux yeux bleus. La femme blanche en question devra se présenter devant le couple adultère, accompagnée des animaux domestiques suivant : le chien et sa femelle, la poule et le coq, la chèvre et le mouton, et une vache à lait. Cette femme blanche doit être transportée par un éléphant ou à la rigueur un cheval. Quand elle arrivera devant le couple, elle frappera sur chaque animal avec le bâton mystique que voici, car toutes les bêtes doivent crier à la fois sur les oreilles du couple. Ensuite, elle traira la vache et versera le lait sur leurs sexes, ainsi ils parviendront à se libérer.

LE CHEF — Ainsi soit-il ! Vous avez entendu ce que vient de dire la voyante ? Allez donc à la prairie chercher deux vaches : je vous ordonne d'offrir une vache et cinquante pièces de noix de cola Bamoun pour récompenser la femme blanche en question. Ensuite, allez chez Christelle Durent pour lui demander son aide pour la libération de couple adultère.

Les griots rassemblent toutes les bêtes demandées et se rendent chez Christelle.

Christelle Durent habite une des petites cases faites en terre cuite avec un toit de chaume que le chef du village avait eu la sympathie de faire construire en son honneur par les femmes du village. Elles lui avaient aussi fait son foyer traditionnel en terre mélangée d'herbes et de kaolin qu'elles avaient bien pétri. Ensuite elles avaient formé trois grosses boules qu'elles avaient polies avec de la cendre noire mouillée d'eau. Ce foyer traditionnel lui permet de chauffer sa marmite pour faire cuire ses aliments comme les autres femmes du village. Christelle Durent aime beaucoup habiter dans cette maison.

Ce matin-là, elle est tranquille chez elle, toute seule dans sa case en train de boire son café en pensant à Patrick désespérément. En pleine crise d'amour, ne sachant plus quoi faire, elle n'a plus que ses larmes pour exprimer sa tristesse. L'ombre de Patrick ne la quitte pas. Elle n'arrête pas de se lamenter. Mais ses recherches sont si importantes pour elle qu'elle ne peut pas les abandonner à mi-chemin pour retourner en France et retrouver Patrick. Cela aurait brisé sa carrière. Ainsi donc, elle poursuit ses recherches malgré sa souffrance.

Puis, ce matin-là, à peine revenue de la forêt où elle fait ses recherches scientifiques sur les plantes sauvages, fatiguée de sa journée de travail, elle veut se reposer un peu. Elle est en train de boire son café quand soudain, elle entend des chuchotements et les bruits de pas de gens qui passent derrière sa case en courant. Ils chuchotent entre eux : « Nous allons en voir de toutes les couleurs avec ce marabout, Dieu seul sait quelle surprise nous attend encore chez lui aujourd'hui. »

Christelle écoute les bruits avec curiosité et se demande : « Mais qu'est-ce qui se passe ? Pourquoi tout le monde s'agite ainsi ? »

Elle sort de sa case et se met devant la porte pour regarder les passants. Puis soudain, elle aperçoit cinq griots de la chefferie du village qui s'avancent à grands pas dans sa direction, ils sont habillés en gandoura (habits traditionnels africains) et sont accompagnés de différents animaux domestiques.

Le premier griot tient une vache à lait au bout d'une corde, le deuxième tient aussi une vache, le troisième tient un couple de chèvre, le quatrième un cheval et le cinquième une cage en paille de raphia avec une poule et un coq. Ils arrivent tous devant Christelle qui est bouleversée par la scène. Elle se demande ce qui se passe.

LES HOMMES — Bonjour Madame Durent !

Christelle, étonnée de leur présence et de cette façon de la saluer, leur rend aussitôt leur bonjour.

Ensuite, un des griots qui tient l'une des vaches prend la parole et lui tend la corde et un gros paquet de cola en lui disant : « Madame Christelle Durent ! Pardonnez-nous de déranger votre tranquillité, mais c'est le chef du village qui nous envoie ce matin vers vous pour vous donner l'une de ces vaches et ce paquet de cinquante noix de cola en guise de récompense si vous acceptez de venir avec nous pour libérer un couple pris par le piège d'adultère cette nuit. Maloume Babady est parti en voyage en ce moment. Avant de partir, il avait piégé ses deux femmes, à présent l'une de ses femmes est prise par le piège d'adultère et personne ne peut les libérer sauf le mari. Quand la nouvelle est parvenue à la chefferie, la voyante a demandé aux ancêtres ce qu'il faut faire pour libérer le couple qui est resté prisonnier, les ancêtres lui ont répondu qu'il n'y a que la présence d'une femme blanche accompagnée de toutes ces bêtes qui pourra favoriser leur libération. De ce fait, le chef du village nous envoie ici pour vous demander votre aide et vous offrir l'une de ces vaches et ce paquet de mille noix de cola en guise de récompense. S'il vous plaît, ayez l'amabilité d'accepter ces cadeaux et venez ensuite avec nous pour sauver ce couple qui est en danger de mort, ils se sont battus toute la nuit pour se libérer, ils sont restés jusqu'à présent prisonniers et sont au bout de leurs forces. Tenez ! Je vais attacher votre vache derrière votre case pour qu'elle broute les herbes fraîches, ensuite, je dépose pour vous ce paquet de cola sur votre table à manger et puis je viens vous aider avec mes camarades à monter sur cet éléphant qui vous conduira sur le lieu du drame, car il y a deux vies humaines en danger actuellement et il n'y a que votre présence et la présence d'une vache à lait et les cris de toutes ces bêtes qui peuvent libérer le couple. La voyante nous a donné des consignes que vous devez suivre pour que la vache, la poule, le coq, la chèvre et le mouton puissent crier tous ensemble en même temps devant le couple. C'est pourquoi nous vous donnons ce bâton pour que vous puissiez frapper sur les bêtes afin qu'elles fassent entendre leurs voix. »

Pendant que le griot attache la vache derrière la case, un autre convainc Christelle d'accepter leur proposition.

CHRISTELLE — Mais... mais je rêve les yeux grands ouverts ! S'il vous plaît... Voulez-vous m'expliquer clairement ce qui se passe ?

LE GRIOT — Madame ! Voyez-vous, je vais vous expliquer ce qui se passe exactement ! Madame Fanta, la deuxième femme de Maloume Babady, avait fait entrer son amant par la fenêtre de sa case pour faire l'amour avec elle cette nuit, sans savoir qu'elle était piégée par le grigri fétiche déposé par son mari. Quand ils ont terminé de faire l'amour, le grigri fétiche les a attrapés et attachés l'un à l'autre ; donc ils sont restés prisonniers jusqu'à présent. Un cheval a déjà tenté de les séparer sans y parvenir. Vite ! Dépêchez Madame ! Vous devez venir avec nous pour les aider, car Mariatou la voyante nous dit qu'en cherchant dans ses grigris fétiches, les esprits lui ont parlé : elle confirme qu'ils ne peuvent se séparer que grâce à une femme blanche aux yeux bleus, avec des longs cheveux comme vous, et grâce aux cris assourdissant des bêtes. Sinon, il n'y a rien à faire. L'homme qui est sur Madame Fanta n'arrive plus à retirer sa bite de la chatte de Madame Fanta qui n'en peut plus de supporter la douleur, elle hurle comme une folle. Elle a alerté tous les villageois avec ses cris assourdissants, tous les villageois sont sur place maintenant et ils n'arrivent pas à les aider. Acceptez de venir avec nous, s'il vous plaît pour nous aider à les séparer.

Ils tirent alors Christelle qui fait une drôle de tête, toute perdue dans ses idées en entendant tout cela. Elle se laisse faire. Ils la tirent par la main pour l'emmener chez le couple. Elle devient toute rouge de peur ; elle fait une drôle de tête en traînant les pieds par terre comme pour dire non, pour ne pas partir avec eux. Elle ne comprend pas ce qui lui arrive. Mais comme elle doit respecter les ordres du chef du village, elle est bien obligée d'accepter de partir avec eux. Ils portent Christelle et la déposent sur le dos du cheval. Ensuite, ils se mettent en route.

Arrivée à destination, elle est accueillie par un hourra auquel succèdent des applaudissements d'enthousiasme de la part des villageois qui attendaient l'aide de Christelle. Les hommes font descendre Christelle du cheval, ensuite, ils demandent à Christelle d'entrer dans la chambre du couple avec la vache, et les autres bêtes qui crient fort. Elle commence à trembler, elle a très peur de pénétrer dans la chambre où se trouve le couple. Elle fait une drôle de tête, elle tourne de la tête comme pour refuser d'entrer, les griots la convainquent d'entrer avec la vache et toutes les autres bêtes qui sont en laisse pour que le couple soit enfin libéré. Les esprits ont réclamé sa présence avec la vache et son lait frais. Elle doit verser ce lait sur leurs sexes afin que leur libération soit exécutée, comme l'avait prédit Sabiatou la voyante.

Malgré elle, Christelle est donc entrée chez le couple adultère pris au piège, l'homme en position couchée sur la femme. En voyant cela, elle est scandalisée et pousse un grand cri.

CHRISTELLE — Aïh ! Aïh ! Je ne veux pas voir ça ! Je ne veux pas cela !

Elle se cache la figure, pendant ce temps les griots frappent sur la vache, la poule, le coq, la chèvre, et les moutons, les deux chiens qui aboient si fort, pour faire entendre leurs cris par le couple adultère comme l'avait recommandé la voyante. Mais malheureusement, la présence de la femme blanche et de toutes ces bêtes n'a aucun effet, contrairement à ce qu'avait prédit la voyante, ils restent toujours collés ensemble. Après, Christelle sort de là en se cachant la figure, puis elle s'adresse aux gens qui attendaient patiemment le résultat de son aide.

CHRISTELLE — Je suis désolée, cela n'est pas du tout ma spécialité, vous m'excuserez, je ne suis pas douée pour ce genre de situation, et je ne peux rien faire pour aider ce couple.

Alors, après cela, Madame Fatoumata, la coépouse de Fanta, se rappelle que, son mari étant très jaloux, il cachait toujours une calebasse de grigri en dessous de leur lit au début de leur mariage, pour qu'elle soit fidèle et reste rien qu'à lui.

Cela fait tilt dans sa tête, elle réagit immédiatement. Elle pousse le lit de sa coépouse qui hurle comme une folle avec son amant accroché à elle et puis elle creuse en vitesse le sol en dessous du lit. Elle trouve un canari en terre cuite de grigri, bien enterré dans le trou sous le lit de sa coépouse Fanta. Ensuite, elle déterre le canari du grigri et l'emmène dehors. Elle le frappe par terre et puis le canari se fend en deux morceaux. Le couple est alors libéré. L'homme est enfin libéré de sa prison. Ouf !!!

Par la suite, le couple est emmené par les griots de la chefferie devant le chef du village pour être interrogé et jugé. Selon la coutume dans ce village, le chef a le droit de décider de tout, comme il le veut, sans attendre qui que ce soit.

Alors, sans même attendre le retour du mari de Fanta qui est en voyage, le chef du village prend la décision.

LE CHEF — Tu dois quitter immédiatement ce village. Tu dois partir avec ce type qui est ton amant, pour éviter que d'autres femmes du village qui sont fidèles à leur mari et tranquilles dans leur foyer ne puissent suivre ton exemple.

Il se tourne vers l'homme.

LE CHEF — Rends immédiatement la dote que Babady avait donnée à la famille de Fanta, tout ce qu'elle porte sur elle devra aussi être payée, même les pagnes, tous les bijoux doivent être rendus à Babady son ex-mari. Dès aujourd'hui, tu es obligé de partir avec cette femme et de la prendre pour épouse, tu dois te marier avec elle. Cette femme était sous la protection de son mari, c'est lui qui la nourrissait, maintenant elle a commis l'irréparable avec toi, et l'on dit en parabole qu'une poule qui se trompe de domicile ne changera jamais ses habitudes. Vous allez donc rendre la dote qu'avait donnée l'ex-mari de cette femme à ses parents, et si jamais après, tu abandonnes à ton tour cette femme parce qu'elle a commis l'adultère chez toi, vous aurez à faire à moi ! Cette femme est désormais à ta charge et si jamais tu l'abandonnes, ta punition qui est actuellement en attente sera immédiatement exécutée. À ce moment-là, vous serez tous les deux sévèrement punis, vous ne devrez plus jamais vous séparer.

Ensuite il s'adresse de nouveau à la femme en jetant de l'eau sur ses pieds.

LE CHEF — Femme ! Tu viens de tromper ton mari avec cet homme qui est ton amant ! Une vraie femme mariée ne doit jamais tromper son mari avec un autre homme, comme vous avez fait cela, ça prouve vraiment que tu n'as jamais aimé ton mari ; car c'est l'amour réel qui unit deux êtres qui s'aiment pour la vie. Par contre, tu as fait semblant d'aimer ton mari et maintenant, tu as laissé exprimer par cet acte la réalité de ton cœur. À présent, pars d'ici avec ton amant qui est désormais ton mari, sans jamais regarder derrière toi. Vous pouvez dégager à présent. Je ne veux plus jamais vous revoir ici dans ce village ! C'est pourquoi je vous ai jeté de l'eau sur vos pieds, pour que vous ne partiez pas avec la poussière de ce village. Partez d'ici en vitesse.

Comme l'homme n'a pas assez d'argent sur lui pour payer immédiatement tout ce qu'on lui réclame, il accepter de signer un papier en reconnaissance de dette envers Monsieur Babady. Il viendra verser sa dette au chef et le chef la rendra à Babady l'ex-époux de Fanta.

Par la suite, le couple est donc parti ensemble. L'homme se met devant et la femme le suit, ils partent en rang.

Fanta est morte de honte, elle se cache la figure et pleure après tout ce qui s'est passé. Deux jours plus tard, Babady, l'ex-mari de Fanta, revient de son voyage d'affaires, le chef du village le fait venir, il lui raconte tout ce qui s'est passé. Selon la coutume, il ne peut changer la décision qu'a prise le chef, il ne peut que se soumettre et s'incliner devant la décision du chef, malgré lui.

Il aimait bien sa deuxième femme Fanta, alors il a un gros chagrin d'amour dans son cœur. Il pleure toutes les larmes de son corps. Il reste donc seul avec Fatoumata, sa première femme.

Après ce scénario, Christelle la femme blanche est tout impressionnée par ce qu'elle a vu. Elle vient de trouver la solution à son problème avec Patrick, son chéri à Paris qui la tourmente sans cesse.

Elle est donc retournée chez elle, dans sa case en toit de chaume. Avec son vieux chagrin d'amour, elle continue de se lamenter et de pleurer en pensant à Patrick son amoureux qui la trompe avec tant d'autres femmes en Europe. Elle ne peut pas fermer l'œil de la nuit, comme toujours.

Pour finir, elle se dit : « Au lieu de pleurer et de me lamenter ainsi, je dois me battre pour sauver mon couple avec Patrick, je dois faire quelque chose. »

Le lendemain matin, Christelle se lève, elle boit vite sa tasse de café et s'en va voir Babady le marabout cocu en pleurant, elle lui expose son problème avec son fiancé à Paris.

BABADY — Quand on est triste, il faut en parler. Dans mon métier, je vois trop de gens qui veulent se suicider parce qu'ils n'ont personne à qui confier leur détresse. Sèche tes larmes femme ! Je veux bien faire quelque chose pour te rendre ton mari, ma chère. Mais je te propose deux solutions : soit tu veux que je lui téléphone par voix mystique en lui disant de venir ici, soit je te remets un grigri qui le rendra impuissant avec toute autre femme que toi, c'est-à-dire qu'il ne pourra plus jamais se mettre en érection en compagnie d'une autre femme que toi.

CHRISTELLE — Quoi ?

BABADY — Je veux dire que son sexe fonctionnerait rien que pour vous. Laquelle des deux propositions que je vous ai citées vous paraît le mieux ?

CHRISTELLE — Je désire qu'il ne couche plus jamais avec une autre que moi ! Mais je vous demande de lui téléphoner d'abord.

BABADY — Bien ! C'est entendu Madame ! Je ferai ce que votre cœur désire, l'impossible n'est pas africain.

Babady le marabout entre dans sa chambre pour enfiler sa gandoura mystique et s'en va donc avec Christelle dans la forêt. Devant le grand baobab, ils s'arrêtent et puis il prend son long bâton magique, il parle en prononçant le nom de Patrick, il frappe sur le baobab, Christelle, en pleurs, est derrière Babady. Après avoir téléphoné à sa manière sur le baobab, Babady lui dit :

— Il m'a dit qu'il sera ici dans une semaine et si d'ici une semaine, il ne vient pas vous voir et vous déclarer son amour pour se faire pardonner, vous revenez me voir, c'est vous qui devrez alors partir à Paris le retrouver avec ce que je vous donnerai pour votre chambre à coucher.

Quelques jours plus tard, elle revient en pleurant voir Babady le marabout pour lui dire que l'élu de son cœur n'avait toujours fait aucun signe de vie.

BABADY — Et maintenant, qu'est-ce que vous comptez faire ?

CHRISTELLE — Vous m'aviez proposé deux solutions, la première n'a rien donné, je veux la deuxième proposition.

BABADY — Madame Christelle ! Pour ce travail que vous me demandez, je vous demande de m'apporter un gros poisson vivant, du lait de chèvre frais, un panier de cola, un canari en terre cuite vierge — qui n'a pas été utilisée —, un bidon d'huile rouge, un coq blanc, dix poules et une chèvre.

Le lendemain Christelle Durent s'en va au marché pour acheter tout ce que Babady lui a cité et revient avec ses achats chez le marabout. Ensuite, le marabout se rend dans le bois chercher ses plantes magiques qu'il écrase. Puis il met le mélange dans la bouche du poisson vivant qu'il libère par la suite dans la rivière. Ensuite, il écrase d'autres plantes qu'il met dans le canari en terre cuite, puis il mélange le tout avec le lait qu'il trait sur la chèvre, mélange le tout avec un peu d'huile rouge. Il remet le canari à Christelle et lui dit :

— Tu dois apporter ce canari en France pour retrouver ton fiancé. Quand tu arrives avec ce canari de grigri, rapidement tu l'enterres en cachette en dessous de votre lit conjugal et tu fais l'amour avec lui sur votre lit. Ainsi il sera possédé, et ne fera l'amour qu'avec toi. Devant d'autres femmes, il deviendra impuissant et avec toi il redeviendra puissant. Il ne pourra plus jamais avoir d'érection qu'avec toi et plus jamais avec une autre. Ainsi en ton absence, il restera fidèle jusqu'à ton retour. Calme-toi et arrête de pleurer. Je ne veux pas voir les larmes d'une femme. Ton amoureux te sera rendu comme tu le souhaites. Je suis à ton service. J'ai été moi aussi cocu et je sais ce que tu ressens !

Pour la consoler, il la prend gentiment dans ses bras et il essuie ses larmes.

— Je ne veux pas te voir ainsi te lamenter et pleurer sans arrêt, tout se déroulera comme tu voudras poussin ! Patience... Arrête de pleurer ! Je te le promets.

Ainsi, Christelle étant d'accord avec la deuxième solution qui est d'aller elle-même en France avec le canari de grigri fétiche, elle fait sa valise pour se rendre à Paris. Elle arrive à l'aéroport Charles de Gaulle, puis elle téléphone à Patrick.

Patrick, étonné de sa présence, vient vite la chercher pour l'amener chez eux. Après, il lui demande en titubant :

— Mais... mais ! Ma chérie ! Il y a à peine un mois que tu es retournée en Afrique et maintenant tu reviens, pourquoi ?

Christelle lui répond :

— Ha! Je suis revenue pour préparer quelques dossiers pour mes recherches, je ne resterai pas longtemps.

Pendant la nuit, Christelle refuse de faire l'amour avec Patrick sous prétexte qu'elle mourait de fatigue, elle s'endort. Le lendemain matin, Patrick s'en va au boulot comme d'habitude, Christelle reste seule à la maison pour faire son travail. Elle va louer un marteau-piqueur dans un magasin de bricolage pour faire des travaux. Elle entre dans leur chambre, puis elle soulève leur lit et creuse profondément dans le sol. Ensuite, elle y plonge le canari de grigri fétiche dans le trou et le referme bien comme c'était avant. Après, elle replace le lit.

Le soir venu, elle se fait belle pour séduire Patrick. Pendant la nuit, ils font bien l'amour sur ce lit avec le canari de grigri en dessous. Ainsi, Patrick est désormais possédé par le grigri fétiche et il est devenu prisonnier sans le savoir.

Quelques jours plus tard, Christelle retourne en Afrique toute tranquille et contente de pouvoir réaliser ses rêves. Son amour est désormais dans sa poche.

Patrick reste en Europe et continue de faire ses conquêtes. La femme qui était son habituée vient pendant la nuit pour dormir avec Patrick, et paf ! Son sexe n'arrive pas à prendre sa forme normale, en bref, plus d'érection, ce qui n'était jamais arrivé avant.

Patrick était plutôt un chaud lapin. La femme a tout essayé pour le rendre puissant, rien à faire, fatiguée et fâchée, elle croit que Patrick venait de voir une autre femme. En fait, il n'arrive plus à lui faire l'amour. Alors, elle se lève, elle enfile ses vêtements, claque la porte et s'en va. Patrick, tout étonné, pense qu'il est fatigué de son boulot et que c'est la raison pour laquelle il n'arrive plus à satisfaire une femme. Il ne sait pas que la fille qui l'aime lui a jeté un sort, il ne sait rien du canari caché en dessous de son lit. Ainsi, son sexe n'est plus jamais en érection. Alors, il se dit qu'il doit aller chez un sexologue. Une fois chez le sexologue, il explique ce qui lui arrive, qu'il n'arrive plus à faire l'amour. Le sociologue l'examine aussitôt, mais ne trouve rien d'anormal. Ensuite il lui dit :

— Je vais vous prescrire du viagra, car je pense que vous êtes très épuisé, ça doit être la fatigue, cela passera, ne vous en faites pas, prenez bien votre viagra et cela vous aidera à retrouver toute votre forme.

Patrick sort de là tout content et retourne chez lui en passant d'abord par la pharmacie pour s'acheter le viagra prescrit par son sexologue. Arrivé à la maison, il téléphone vite à Syndi, sa maîtresse, pour l'inviter à passer la soirée chez lui.

Il avale son viagra pour attendre Syndi, qui arrive aussitôt. Ils s'en vont dans la chambre comme d'habitude. Patrick avait même utilisé ses fantasmes pour mieux se mettre à l'aise. Il demande à Syndi de se déshabiller et de marcher à quatre pattes, cela ne donne rien, il n'a pas d'érection. Tout déçus, ils se séparent.

Syndi lui dit :

— Tu sais pourquoi tu n'arrives plus à prendre ta forme normale mon pote ? Eh bien, c'est parce que tu ne m'aimes plus ! Tu n'arrives pas, je vais te quitter, trouve-toi une autre que tu aimes bien.

Ensuite elle claque la porte et elle s'en va.

Patrick reste tout seul. Il réfléchit à ce qu'il doit faire face à cette situation, sans trouver pour autant la solution. Il reste plutôt sage avec les femmes et évite discrètement la présence des femmes autour de lui, tout en cherchant calmement à résoudre son problème.

Quelque temps après arrivent les grandes vacances, Christelle retourne en France retrouver Patrick. Dès que Patrick l'aperçoit, il sent subitement qu'il est en érection, ça faisait si longtemps que son sexe n'avait plus réagi de la sorte, il était vraiment en manque. Vite, il ramène Christelle chez eux et ils font directement l'amour comme des fous.

Patrick se dit à lui-même :

— Ah ! Ça marche, je suis redevenu puissant, waouh ! C'est reparti.

Christelle reste donc quelque temps, puis elle retourne de nouveau en Afrique pour son travail de recherche scientifique en forêt. Apparemment pour Patrick, Christelle n'est pas son âme sœur, il cherche encore celle qui le rendrait heureux. Christelle n'est rien d'autre que celle avec qui il se distrait. Par contre, pour elle, elle avait trouvé chaussure à son pied, c'est Patrick son fameux prince charmant.

Puis un jour, la femme que Patrick attendait est arrivée. Son nom : Jessica, une belle perle rare que Patrick cherchait parmi tant de ses conquêtes sans jamais trouver. Il est enfin réellement amoureux. Quand il rencontre Jessica, il oublie Christelle. Mais malheureusement, avec son problème d'impuissance, il n'a pas voulu coucher avec Jessica de peur qu'elle découvre la vérité sur sa vie sexuelle. Il fait tout ce qu'il peut pour éviter la présence de Jessica dans des coins intimes comme dans sa chambre à coucher, pour cacher son impuissance. Chaque fois que Jessica vient chez lui, elle essaie de faire l'amour avec lui, mais il fait tout pour esquiver. Une fois seul dans sa chambre, il réfléchit et se dit :

— Pourquoi ça ne marche qu'avec Christelle ? Il se pourrait que mon corps l'aime et que mon cœur ne l'aime pas assez.

Ainsi, il fait attendre Jessica. Mais, ne pouvant plus patienter longtemps, elle s'invite chez lui sans crier gare. Elle séduit Patrick, mais Patrick esquive en disant qu'il n'est pas du tout prêt.

Jessica n'ayant rien compris de cette réaction, elle se demande pourquoi. Un peu déçue, elle rentre chez elle, puis elle téléphone à une de ses amies :

— Allô ! Suzanne ! Que ferais-tu à ma place ? Cela fera bientôt une année que j'ai fait la connaissance de Patrick il me dit qu'il m'aime plus que tout au monde, il m'invite au restaurant, en boîte de nuit, au cinéma, mais jamais dans sa chambre à coucher, que penses-tu de lui ? Cela m'étonne vraiment, je pense même qu'il m'évite quand je veux plus.

SUZANNE. — Sans doute qu'il te désire, mais il n'ose pas te le dire ; il est peut-être coincé en face de toi, tu sais, le genre timide devant la femme ! Patiente si tu l'aimes, puis tu verras ce que cela donnera.

Pendant ce temps, Patrick de son côté lutte comme il peut contre son impuissance en prenant discrètement des rendez-vous chez son sexologue. Il essaie de résoudre son problème sexuel en cachette pour pouvoir enfin prendre Jessica dans ses bras.

Un jour, il invite Jessica à dîner dans un beau restaurant après avoir lui faire livrer des fleurs, pour se faire pardonner de ce qui s'est passé entre eux.

Avant cela, il est d'abord passé dans une lingerie acheter des sous-vêtements : des slips, des soutiens-gorges, des jarretières, et un beau collier pour lui donner en cadeau.

Au magasin, il dit à la vendeuse : « Faites-moi un beau paquet-cadeau, Madame, car je vais séduire une jolie dame en lui offrant des fleurs et ce beau collier : ce soir, je vais me fiancer. »

Au restaurant, quand ils ont fini de manger, Patrick lui fait sa demande en mariage à genoux, ensuite il lui met le collier au cou et lui tend en même temps le beau paquet-cadeau avec les sous-vêtements, Jessica est émue et a les larmes aux yeux.

Après tout ceci, il est temps pour elle de rentrer. Patrick lui propose de la déposer.

Quelques jours plus tard, Jessica porte sur elle toute la lingerie que Patrick lui a offerte : les sous-vêtements, la jarretière et le collier. Elle est sûre que cela doit être le fantasme de Patrick. Puis elle débarque chez Patrick sans le prévenir. Elle cherche directement à coucher avec lui, mais Patrick est tellement gêné de lui dire non comme la dernière fois qu'il esquive et joue au jeu sage. Il la prend dans ses bras, l'embrasse comme un fou. Elle l'entraîne dans sa chambre à coucher, il la met au lit. Après il se retire tout seul dans la salle de bain. Il se cache derrière la porte de la salle de bain pour lorgner Jessica par le trou de la serrure.

Il essaie de s'exciter pour avoir une érection tout seul avant de rejoindre

Jessica étendue sur son lit qui l'attend patiemment. Pendant ce temps, Patrick fait des efforts en cachette pour avoir une érection avant de rejoindre Jessica au lit. Il pousse des petits cris : « Hi ! Hi ! », en attrapant son sexe dans son slip avec ses deux mains. N'étant pas satisfait, il se fâche en disant à voix basse : « Ah ! Merde ! Merde ! Nom d'une pipe ça ne marche pas eh merde ! Merde ! », en se masturbant encore plus fort.

Pendant ce temps, Jessica attend patiemment, elle a déjà enlevé sa robe et elle ne garde que les sous-vêtements : jarretière, soutien-gorge et le collier que Patrick lui avait offerts. C'est pour le séduire, car, pour elle, tous ces sous-vêtements féminins qu'elle porte et que Patrick lui a offerts vont le faire fantasmer.

Étendue sur le lit, elle attend que Patrick sorte de la salle de bain pour venir se coucher près d'elle. Mais hélas, cela dure des heures et il ne revient toujours pas se coucher.

Ainsi, toute curieuse, elle se lève du lit en marchant sur la pointe des pieds sans faire de bruit pour ne pas se faire entendre par Patrick. En cachette, elle marche doucement sur la pointe des pieds sans faire de bruit, elle lorgne par le trou de la serrure de la porte. Elle lorgne Patrick discrètement, puis elle aperçoit Patrick en train de se mettre en colère en tirant sur son sexe dans son slip et en poussant des petits cris à voix basse pour ne pas se faire entendre : « Hi! Hi ! Hi ! Ha ! Merde ! Merde ! Ça ne marche pas ! Ho ! Putain ! ». Intriguée, elle retourne vite se recoucher, ensuite elle appelle : « Pat ! Ça va mieux comme tu veux ? » Patrick sursaute de frayeur et se ressaisit, vite il lui répond : « Ha! Oui ! Ça va ! Oui ! Tout va bien ma chérie ! » En disant cela, il sort vite de sa salle de bain avec un petit sourire aux lèvres, puis il vient se coucher près de Jessica dans le lit.

Jessica, furieuse, se lève brusquement du lit. Elle se met en colère, elle crie dans les oreilles de Patrick en lui montrant son front. Elle lui dit : « Eh ! Man ! J'en ai ras le bol ! Tu comprends ça ? Il n'est pas écrit Imbécile ici hein ? Je ris de ta gueule avec tes cadeaux à la con » En enlevant tous les sous-vêtements qu'elle portait sur elle et lui ont été offerts par Patrick : la jarretière, le soutien-gorge, le string y compris, le collier en perle ras du cou, elle balance tout cela sur la figure de Patrick en lui disant : « Tout ceci était censé être des cadeaux hein ? Tiens ! Je te les rends tes cadeaux bidon ! Salaud ! Pauvre con ! Enfin ! Je sais pourquoi tu m'as offert tous ces sous-vêtements féminins et ces colliers comme cadeaux. Avoue que c'est ton fantasme hein ? Je parie qu'il te faut voir ceci sur une bonne femme pour t'envoyer en en l'air hein ? Salaud ! Pauvre con ! J'ai vu ton vrai visage. Tu es un pervers, un maniaque sexuel ! Tu prends ton pied en pensant aux sous-vêtements féminins hein ? Eh ! bien mon pote, tu es mal tombé, je ne suis pas fan du téléphone rose. »

Ensuite, elle enfile en vitesse sa robe puis elle ajoute : « À partir d'aujourd'hui, nous n'avons plus rien à nous dire. » Elle claque la porte et descend les escaliers en courant. Pendant ce temps, Patrick qui est tout désolé sort de sa chambre, il tout abattu et dépassé par les événements, il essaie de la retenir, en vain, il l'appelle tout doucement : « Jessica ! Reviens, tu te trompes ma chérie, c'est pas du tout ce que tu crois. »

Sans rien vouloir entendre, Jessica s'en va en courant.

Patrick est tout déçu, il retourne dans sa chambre avec ses vieux soucis. Pauvre Patrick, Jessica n'était pas au courant du mauvais sort que Christelle lui avait jeté par amour.

Pauvre Patrick, il n'est pas du genre pervers. Ce n'est pas un maniaque sexuel comme le pense Jessica. Il a juste voulu lui plaire en lui offrant des sous-vêtements féminins, rien d'autre. Curieusement, Patrick décide de ne pas lâcher la corde. Un jour, alors qu'il prend sa pause, il téléphone à Jessica. Elle refuse de répondre, mais il ne se décourage pas. Il téléphone à nouveau le week-end. Ce jour-là, Jessica a de la visite. Elle reçoit sa voisine, une amie de longue date. Alors qu'elles prennent le café dans le salon, le téléphone sonne. Jessica va répondre. C'est Patrick au bout du fil. Elle refuse de répondre et comme d'habitude, elle raccroche au nez de Patrick. Dix minutes plus tard, le téléphone sonne de nouveau. Comme Jessica refuse de répondre, sa copine lui demande : « Mais dis ! Qu'est-ce qui se passe ? Pourquoi tu ne réponds pas au téléphone ? » Elle lui répond : « Ah ! Laisse tomber ma chère ! C'est un malade sexuel, un maniaque, tu sais ? Le genre d'homme pervers qui fait l'amour avec une femme au téléphone, tiens ! Il se pourrait qu'actuellement, il soit en manque. Si ça se trouve, il est en train de se branler comme un fou dans sa salle de bain. Il lui manque sûrement une voix féminine pour qu'enfin, il puisse prendre son pied, ha! Laisse sonner, je ne prends pas. »

Quelques jours plus tard, la même amie est de nouveau chez Jessica. Soudain, on sonne à la porte, c'est Patrick ! Il s'est invité chez Jessica sans crier gare. Il est bien habillé. Il porte un beau costume et une cravate. Il a des lunettes d'intellectuel sur le nez. Il est bien coiffé, on dirait qu'il est allé chez le coiffeur exprès pour cette occasion. Il tient un beau bouquet de fleurs à la main.

Il frappe à la porte de Jessica.

Elle lui ouvre la porte, croyant que c'est le facteur qui lui apporte son courrier. Mais à sa grande surprise, elle voit Patrick avec un bouquet de fleurs à la main et un petit sourir aux lèvres.

« Ha! », crie-t-elle. Elle lui referme la porte au nez.

Patrick reste devant la porte, désespéré. Puis sa copine lui demande : « Dis ! C'était qui ? » Christelle lui répond : « Ah… c'est ce pauvre con ! Ce maniaque sexuel de l'autre jour qui n'arrêtait pas de me téléphoner ! Tu te rappelles ? Eh bien ! Il s'est permis de s'inviter chez moi sans crier gare, dis ! Quel culot ! »

Sa copine Susanne réplique : « Non, voyons pauvre sotte ! Chaque chose en son temps. Écoute-moi, fille ! Si cet homme est venu te suivre jusqu'à chez toi, c'est qu'il n'est pas le genre d'homme à utiliser le téléphone rose pour avoir son plaisir comme tu le penses. Je parie que cet homme est normal, il t'aime sûrement ! Ne rate pas ta chance ma fille ! Laisse le entrer, ma chère ! Laisse-moi te dire, ma fille. Tu sais, j'en ai vu de toutes les couleurs, poussin ! Tu sais ? Les hommes qui prennent leur pied au téléphone rose ne suivent jamais les femmes chez elles. Ils cherchent juste une voix féminine pour se satisfaire, ils se fichent de la présence d'une femme à leur côté. Je parie qu'il n'est pas du genre maniaque sexuel comme tu le penses. Pauvre gosse ! Il doit être si malheureux. Tu sais ? Jessica ! Laisse-moi te citer toutes les particularités des maniaques sexuels : tu as le genre voyeur ! Celui-là, il se cache pour regarder la femme qu'il aime. C'est un timide. Tu as le genre d'homme qui aime les sous-vêtements des femmes. Il les vole pour les cacher dans sa poche et sentir l'odeur féminine quand il en a envie. Tu as le genre masochiste qui se fait maltraiter par les femmes dominantes qu'il appelle maîtresses. Tu as le genre qui se prend pour un bébé. Il va chez de vieilles bobonnes, il les paie une fortune pour se faire habiller, bercer avec des chansons pour bébé, langer, et même boire le lait au biberon. Tu veux que je te dise, fille, on aura tout vu avec ces hommes sur terre ! Ce sont tous des saligauds. Il ne faut pas gâcher ta vie, poussin. S'il y en a un qui t'aime vraiment, attrape ta chance, fille. »

Jessica écoute enfin les conseils de sa vieille amie et va ouvrir sa porte. Patrick entre chez elle, tout ému de revoir Jessica. Quelle joie dans son cœur ! Il tend le bouquet de fleurs. Jessica accepte de le prendre et s'en va le mettre dans un vase. Puis elle revient s'asseoir et fait les présentations : « Suzanne ! Patrick ! Patrick ! Susanne. »

Après les présentations, subitement Suzanne se lève, elle prend son sac à main et s'excuse : « Bon ! Excusez-moi les enfants, je vais à mon rendez-vous chez ma coiffeuse. »

Elle s'en va, laissant les deux tourtereaux seuls.

Patrick tente le tout pour le tout. Tout malheureux, il se met à genoux devant Jessica et sort de sa poche un petit écrin avec une bague en or et diamant. Il le lui tend en disant : « C'est mon cœur que je t'offre dans ce modeste petit paquet, je te prie d'accepter. »

Patrick est dépassé par son problème d'impuissance sexuelle. Il ne sait pas comment aborder ce sujet. Il dit à Jessica après l'avoir embrassée tendrement sur la bouche : « Écoute-moi ma chérie ! Je veux te parler. Je vais me confier à toi ! Je rejoins les propos du chanteur Joe Dassin en reprenant ceci : « j'ai dépensé ma jeunesse comme une poignée de monnaie. J'ai fait un peu de tout, la fleur aux dents. C'est tout ce que j'avais. Mais je savais que toutes les femmes du monde m'attendaient. Il y a les filles que l'on aime et celles avec qui l'on dort, puis un jour il y a la femme qu'on attendait.» Il est vrai que j'ai connu beaucoup de femmes, je les ai toutes aimées. « Mais dans leurs visages au fond, je n'ai rien fait que te chercher. J'avais faim de tout savoir. » J'ai eu peur de me tromper de chemin tant de fois. Mais maintenant, je pense que j'ai quand même fini par trouver mon chemin. J'ai si peur de te perdre, il n'y a que toi qui compte vraiment pour moi, plus personne d'autre. Mais je ne peux pas coucher avec toi avant notre mariage, je préfère attendre la cérémonie officielle de notre union avant de t'inviter dans ma chambre. Te prendre dans mes bras avant la cérémonie religieuse porte malheur. J'attends selon notre coutume, c'est ainsi dans notre famille, crois-moi ! »

Patrick se cache derrière cette histoire fausse du mariage religieux pour camoufler son problème d'impuissance.

Pendant ce temps-là, Christelle, en Afrique, ne sait pas que l'élu de son cœur, Patrick, a trouvé chaussure à son pied et qu'il est finalement en train de l'abandonner pour de vrai.

Christelle continuait de lui envoyer des lettres d'amour et de retourner le voir à toutes les vacances.

Un jour, alors qu'elle passe ses vacances avec Patrick comme d'habitude, celui-ci se comporte de manière bizarre avec elle. Il lui pose très souvent des lapins.

Christelle constate que quelque chose ne tourne pas rond, cela la tourmente. Patrick a vraiment changé, il lui fait des cachotteries : il répond à des coups de fil d'une façon bizarre et son comportement vis-à-vis d'elle a aussi changé.

Un matin, Patrick s'en va au travail. Christelle se rend en pleurs chez sa copine d'enfance pour lui parler de ses doutes concernant Patrick.

CHRISTELLE — J'aime quelqu'un qui ne m'aime pas, comment surmonter toutes ces montagnes de douleur ? Si l'on m'avait conseillée, j'aurais commis moins d'erreurs ; quel tragique destin !

Et sans crainte de montrer ses faiblesses, elle se met à parler, à raconter sa solitude, sa rancœur, ses coups de blues, ses angoisses. Elle se sent mieux après s'être confiée.

Sa copine la conseille sans la juger : « Tu sais ? On s'est toujours tout dit, tu dois faire attention, une grande passion peut être la cause d'une profonde blessure, ma chère. »

Constatant l'étrange comportement de l'élu de son cœur, Christelle fouille partout dans la maison. Dans le coffre de leurs chambres, elle trouve une lettre de Jessica dans laquelle elle dit attendre patiemment et ne vivre que pour Patrick.

Toute fâchée, Christelle fait une scène de jalousie dès son retour à la maison. Elle demande à Patrick : « Chéri ! Qui est donc cette Jessica qui t'écrit de pareilles lettres ? »

Patrick lui répond : « Ah ! C'est rien qu'une connaissance et rien de plus. »

Deux jours plus tard, Jessica n'ayant pas vu Patrick depuis quelques jours s'inquiète. Par curiosité, elle s'amène chez lui sans le prévenir : elle sonne chez Patrick, et Christelle vient lui ouvrir la porte. Elle s'étonne de voir Christelle qui elle aussi sursaute. Jessica dit alors : « Je suis une amie de Patrick ! Est-ce qu'il est là par hasard ? » Christelle lui répond : « Non ! Il n'est pas là ! Mais qu'est-ce que vous lui voulez ? » Jessica lui répond : « Patrick est fiancé avec moi, on se marie d'ici peu. »

Christelle explose et lui referme la porte au nez. Elle s'en va dans sa chambre pour pleurer.

Dès le retour de Patrick, Christelle devient folle. Elle crie : « Salaud !

Comment as-tu pu me faire cela ? Inutile de me dire quoi que ce soit à ce sujet, ta fiancée s'est déjà présentée à moi ! Elle est venue ici et m'a déjà tout dit sur votre projet de mariage. Moi qui vivait un compte de fée avec toi... Quant j'étais vilaine, ma belle mère m'enfermait dans le grenier à l'insu de papa pour attendre que je me calme, ce qui arrivait très souvent. Et dans mon coin, j'imaginais que j'étais une princesse emprisonner dans un tour par une méchante sorcière, et tout à coup, un chevalier arrive sur son chevale blanc. Il sort son sabre, le brandit, et il prend la tour d'asseau. Et j'étais toute fière de lui, et je lui fais des signes avec mon mouchoir tout tremper de mes larmes. Il grimpe la tour à l'aide d'une corde et il me libère. Dans ces bras, tout à coup, mon ciel gris devient bleu, et pendant ce temps je me crée tant de primtemps autour de moi. Donc à présent , je me rend compte que le chevalier de mon rêve n'arrivera jamais . Je croyais que tu étais celui-là . Je retourne en Afrique faire ma vie avec n'importe qui, puisqu'avec toi c'est fini. Avoue qu'avec toi je ne respirais que de la poussière. Si on m'avait conseillée, j'aurais commis moins d'erreurs ! Tu ne m'as jamais aimée. »

En pleurs, elle fait sa valise et Patrick ne se dérange pas pour la retenir. Patrick lui répond : « Mais c'est normal, tu es la femme de mon premier amour, celle que j'ai connue trop jeune, j'ai envie de connaître d'autres choses, moi. »

Alors, Christelle lui dit : « Donc, j'ai passé tout mon temps à t'aimer, à penser que tu étais mon prince charmant, celui que j'attendais. Cela fait tant d'années qu'on se connaît et maintenant tu me sors cette carte rouge ?

PATRICK — Il n'y a pas de prince charmant, Cendrillon ! Ça, c'est le rêve des petites filles, je voulais déjà t'en parler, mais je n'avais jamais trouvé le temps. Maintenant que tu le sais ça m'arrange.

CHRISTELLE — Dans ce cas, je m'en vais au bout du monde et tu ne me verras plus jamais.

Elle fait sa valise et s'en va.

Christelle est donc retournée en Afrique et pourtant elle a déjà fini ses recherches en Afrique, elle y retourne en se disant : « Je ne suis plus la femme que j'espérais être, je ne vaux plus rien. »

Ha! Quel gâchis ! Pauvre Christelle !

CHRISTELLE — Tiens ! J'avoue que j'avais un petit faible pour Babady, le marabout. Cette fois-ci, rien ne peut plus m'empêcher ou m'arrêter de lui avouer. Je vais aller le voir et vais tomber dans ses bras en lui disant que je l'aime. Pourvu qu'il accepte de me prendre pour deuxième épouse.

En fait, Christelle est tellement blessée qu'elle est prête à faire n'importe quelle bêtise qui lui passe par la tête. Son chagrin d'amour lui a fait perdre complètement la tête. Elle est devenue insensée. Elle ne se contrôle plus.

CHRISTELLE — Cette fois-ci, je retourne en Afrique rien que pour revoir Babady.

Ainsi, son chagrin d'amour la pousse à retourner en Afrique quelques jours plus tard. Ses projets de biologiste sont à peine achevés qu'elle les abandonne déjà. Ils auraient pourtant pu lui rapporter gros. Elle retourne chez un marabout illettré en Afrique parce qu'elle est déçue et en détresse. Elle ne veut plus rien savoir de la valeur de la vie ni de sa vraie valeur intellectuelle.

Ainsi donc, quand elle arrive au village de Babady le marabout, elle lui explique tout ce qu'elle a vécu en France avec Patrick. Elle est en pleurs, Babady la console et lui dit : « Maintenant, il faut arrêter de penser à Patrick, pensez à vous ! Ne passez pas à côté de votre vie. »

Il dit cela avec beaucoup d'humilité, sans la juger, il ajoute : « Ne pleurez plus, je n'aime pas voir les larmes d'une femme. Si vous voulez, je peux vous faire rencontrer un autre homme dans votre pays, un homme de votre milieu qui fera votre bonheur. »

Mais, à la grande surprise de Babady le marabout, Christelle se jette à ses pieds. Elle s'agenouille et le supplie, les larmes aux yeux : « Non ! Arrêtez ! S'il vous plaît ! C'est vous que je veux ! C'est vous mon bonheur ! Je ne cherche plus nulle part, j'ai trouvé ! J'ai trouvé ce que je cherchais il y a belle lurette, je veux me lier à vous pour la vie. C'est vous mon prince charmant ! Je sais que nous ne sommes pas du même monde. Oubliez la femme blanche intellectuelle que je suis, et acceptez de me prendre pour votre épouse, tout simplement par pitié, s'il vous plaît. »

Babady est tout étonné de voir sa cliente dans cet état. Il se frotte les yeux et lui répond en titubant : « Mais ! Mais ! Madame Christelle ! Vous... vous êtes sûre de ce que vous.... vous avancez ? Je suis un paysan africain illettré, moi ! Et je suis un polygame. »

Christelle insiste. Elle pleure à genoux devant Babady. Elle lui demande de la prendre en pitié.

Babady sort un mouchoir de sa poche, il essuie les larmes de Christelle et lui répond : « Ah ! Ne t'en fais pas, femme, ne pleure plus ma chérie. Dans notre coutume traditionnelle africaine, les hommes doivent protéger les femmes. C'est la tradition ! Chez nous les Africains, toutes les femmes sont des diamants ! Aucune femme ne doit souffrir. J'accepte de te prendre pour deuxième épouse et de te protéger. C'est mon devoir d'homme pieux, merde. Si tu ne trouves pas cela inconvenant, ça va ! Ah ! Il y a un proverbe africain qui dit que toute souris, malgré sa taille, grosse ou petite, reste la nourriture du chat. »

Avec cette image, il veut tout simplement dire que Christelle, même si elle est une femme blanche intellectuelle issue d'une coutume européenne, est aussi une femme comme une autre. Il la regarde d'un drôle d'air. Elle aussi le fixe de son regard incroyablement bleu. Il poursuit : « Tu sais ? Chez nous, les hommes doivent protéger les femmes, c'est la tradition africaine ! C'est pourquoi nous sommes polygames en Afrique. Pour nous, toutes les femmes sont des diamants, aucune femme ne doit souffrir. »

Christelle lui répond : « Mais oui ! Je vous aime pour la vie, moi ! N'ai pas peur de me prendre pour épouse, prends-moi pour deuxième femme, je t'en prie ! Je respecterai les règles de la polygamie, je t'en prie ! Pitié ! Oublie que je suis européenne, je suis retournée ici rien que pour toi. Plus personne ne m'attend en France désormais. J'ai oublié la femme intellectuelle que j'étais, cela n'a plus aucune importance. Dans ma tête, je suis une paysanne africaine comme toi maintenant.

Elle tombe alors dans les bras de Babady en criant : « Accepte de me prendre pour épouse s'il te plaît. Prends-moi pour épouse, j'insiste, dis-moi oui pour toujours, pour la vie. »

BABADY — D'accord ! Tu es désormais la bienvenue dans mon cœur qui t'appartiendra désormais à jamais.

CHRISTELLE — Hourra ! Hourra ! Je me sens mieux maintenant ! C'est comme si je m'étais lavée, dépouillée d'une vieille peau ! Je me sens presque neuve, moi !

Babady la tient par la main pour la conduire chez sa maman Aminata, sa future belle-mère. La coutume du village exige qu'un couple qui est fiancé doit consulter la voyante de la chefferie qui doit demander aux ancêtres de fixer la date de la cérémonie du mariage et la période à laquelle le mariage doit être consommé.

Le lendemain matin, Babady le marabout, fou de joie, très fier, s'en va directement chez le chef du village pour lui annoncer : « Panthère ! Je suis de nouveau amoureux, de Madame Christelle Durent, la femme blanche ! Je suis venu ici pour solliciter les préparatifs de mon futur mariage traditionnel avec Mademoiselle Christelle Durent, ma future deuxième épouse. Veuillez me dire avec précision ce que je dois faire. »

Le chef du village lui répond : « Tous mes vœux de bonheur ! Félicitation ! Mais, dis-moi ! Madame Christelle Durent n'est-elle pas une Européenne ? Chez eux, la polygamie n'existe pas. Comment vas-tu gérer cela mon ami ? Je demande que tu viennes ici avec ta nouvelle fiancée, car j'ai quelques questions à lui poser avant les préparatifs de votre mariage. »

Babady s'en va vite chercher Christelle chez sa maman, pour l'amener chez le chef.

Le chef du village lui demande : « J'ai appris par Maloume Babady, votre futur mari, l'heureux événement. Est-ce que vous voulez vous marier avec Babady ?

CHRISTELLE — Jusqu'ici oui ! Bien sûr que j'accepte de me marier avec Babady ; d'être sa deuxième épouse.

LE CHEF — Oui ! D'accord ! Mais je vais vous citer les lois de la polygamie, si vous êtes toujours d'accord avec ces lois, je préparerai tout pour que vous vous mariiez d'ici une semaine.

CHRISTELLE — Oui ! Je suis d'accord de me marier avec Babady.

Alors, le chef lui dicte une par une les lois du mariage polygame.

LE CHEF — D'abord, après la cérémonie de votre mariage, tu ne pourras dormir avec ton mari que lorsque les ancêtres le permettront. C'est la tradition ! Tu vas rester chez ta belle-mère sans jamais coucher avec ton mari pendant une période de trois mois. Peut-être plus, peut-être moins, qu'est-ce que j'en sais ! Quand les ancêtres le décideront. Pendant ce temps, tu seras en observation chez ta belle-mère. Elle t'examinera pour être sûre que tu n'es pas enceinte d'un autre. Elle t'apprendra à devenir une vraie femme africaine. Tu ne dois plus jamais porter tes pantalons jeans. Tu feras à manger en grandes quantités pour toute la famille tous les jours. Deuxièmement, tu devras t'habiller de la même façon que ta coépouse Fatoumata pour éviter les crises de jalousie entre vous. C'est-à-dire que tu devras t'habiller en pagne tous les jours, et tous tes pagnes devront être cousus de la même façon et dans le même tissu, la même couleur. Tu devras porter la même marque de chaussure que ta coépouse. T devras te comporter comme une vraie femme africaine pour éviter les crises de jalousies dans votre foyer à trois. Chacune de vous trois doit respecter son jour d'appel chez votre mari. Quand c'est ton tour de dormir chez ton mari, c'est toi qui dois apporter à manger chez ton mari et ta coépouse. Tu devras manger avec elle et votre mari. Toutes les autres familles peuvent aussi venir pour le dîner : les cousins, cousines avec leurs enfants, les tantes et même les voisines et voisin seront aussi invités à votre table tous les jours. Tu sais que l'Afrique est le berceau de l'humanité. Donc, quand tu feras à manger, il te faudra cuisiner de grandes quantités pour tout le monde parce que la famille africaine est énorme. Tu dois même prévoir pour les inconnus qui peuvent arriver à l'improviste. Ceux-là doivent manger à leur faim aussi. Les passants qui ont faim, s'ils aperçoivent la fumée de ta case, vont comprendre que tu es en train de faire à manger. S'ils s'amènent chez toi, tu dois leur servir à manger. Tu sais ? La solidarité est très importante chez nous. Après, tu devras dormir avec ton mari pendant une semaine, ensuite ça sera la semaine de ta coépouse qui, elle aussi, dormira avec lui pendant une semaine. Personne ne doit prendre le jour ou la semaine de l'autre.

Votre mari aussi devra être honnête et respecter les lois : il ne doit pas inviter l'une de ses femmes dans sa case alors que c'est la semaine de l'autre. Votre mari vous habillera de la même façon des pieds à la tête, comme cela lui plaira. Tout devra être pareil. Comme tu es la deuxième femme, tu devras respecter ton rang ! Si l'une d'entre vous accouche d'un bébé, toutes les deux, vous êtes responsables du bébé. Si votre mari revient à la maison avec de la viande ou bien des légumes, c'est la première femme qui devra se servir d'abord. Après, c'est le tour de la deuxième femme.

Quand votre mari est absent, c'est la première femme qui doit prendre la responsabilise de tous : ce qu'il faut pour la famille, c'est-à-dire la préparation du petit déjeuner et la préparation du dîner. S'il faut sortir faire des courses ou aller rendre visite à une famille, ou bien s'il faut aller à une fête dans le village. Si l'une de vous tombe malade ou si elle doit aller à hôpital pour accoucher sans votre mari, c'est à la première femme de se charger de tout.

Après avoir raconté cela à Christelle, le chef lui demande une dernière fois : « Es-tu toujours d'accord pour épouser Monsieur Babady le marabout ? Réponds oui ou non devant tous les griots ici présents. »

CHRISTELLE — Tout ce que je demande, c'est qu'il me prenne comme épouse. Je suis d'accord pour toutes les conditions de la polygamie que vous m'avez citées. Je les respecterai à la lettre, je vous le jure.

Après cette réponse, le chef est tout content, il rassemble tous ses griots et tous les notables de la chefferie pour leur annoncer les prochaines fiançailles et le mariage de Christelle avec Babady le marabout. Ensuite, il fixe la date du mariage. Pour commencer, le chef demande à Christelle : « Tes parents en Europe arrivent quand pour la fête de ton mariage ? »

CHRISTELLE — Je ne tarderai pas à les prévenir.

Le lendemain matin, Christelle s'en va en ville pour téléphoner à ses parents. Le téléphone sonne à Paris, c'est le père de Christelle qui prend le téléphone.

CHRISTELLE — Allô ! Papa c'est moi, ta fille Christelle. Je me sens renaître aujourd'hui. Je vous appelle pour vous annoncer officiellement mes fiançailles avec Maloume Babady ! J'ai trouvé ici en Afrique mon prince charmant, celui que j'ai toujours cherché. Il s'appelle Babady, c'est le plus grand marabout du monde. Je suis sa deuxième épouse ! Je suis enfin heureuse et épanouie. J'ai enfin trouvé l'amour ! Le vrai. Je vous invite pour notre mariage ici en Afrique, dans le village Didango près de Foumbain. Mon fiancé m'a choisi un nom qui lui plaît. Bientôt, je ne m'appellerai plus Christelle Durent, je me nommerai Ne-Nafircetou. Car il est non seulement un grand marabout, mais c'est aussi le plus grand notable du village.

Son père voit rouge. Il tombe par terre en criant !

LE PÈRE — Quoi ? Ma fille est devenue complètement folle ! Tu peux te marier avec cet homme, mais je ne viendrai pas à ce mariage bidon.

Ensuite il raccroche le téléphone au nez de sa fille qui est toute déçue. Après avoir raccroché le téléphone, Christelle fond en larme et Babady s'en va la consoler :

BABADY — Calme-toi ma chère bien-aimée. Qu'est-ce qui se passe encore ?

CHRISTELLE — Je suis aussi rejetée par mes propres parents, ils ne veulent plus rien savoir de moi, je n'ai plus de parents. Je n'ai pas droit au bonheur, moi !

BABADY — Calme-toi ma belle, je vais aller voir notre chef de village pour lui dire. Il trouvera bien une solution et on va se marier comme prévu, tu sais l'impossible n'est pas africain.

Le lendemain matin, Babady s'en va à la chefferie raconter le refus des parents de Christelle.

Le chef réfléchit et puis il dit : « Ce n'est pas bien grave, on trouvera une famille qui adoptera ta future épouse. La cérémonie du mariage va se dérouler selon notre coutume. »

Chose dite aussitôt faite. Le chef trouve une famille dans le village qui adopte Christelle. Le mariage coutumier a lieu sans tarder. Elle décide donc de poursuivre son projet de mariage avec Babady.

Après le refus du beau-père de Babady, le chef du village fait appeler Christelle pour lui demander ce qu'elle pense faire après le refus de ses parents.

Christelle lui répond les larmes aux yeux.

CHRISTELLE — Pardonnez-moi, mais mon père ne veut pas de mon bonheur. Acceptez-moi telle que je suis ! Je vous en prie ! À présent, je n'ai plus de famille.

En fait, Christelle ne réagit pas de façon normale. C'est qu'elle est blessée. Elle se sent perdue.

Le chef du village décide alors de donner une famille adoptive à Christelle. Elle devient leur fille et devra donc aller chez eux pour attendre la cérémonie de son mariage. Ensuite, elle pourra emménager dans sa case que son futur mari fait construire par des amis.

Les femmes du village sont venues en masse pour embellir sa case : elles fabriquent trois grosses boules de terre pétries avec de l'eau qui forment son foyer traditionnel. Elle devra y faire cuire sa nourriture au feu du bois, comme toute autre femme villageoise. Elle est adoptée puisqu'elle n'a pas sa propre famille sur place. Leur mariage devra se dérouler exactement comme la coutume africaine le veut.

Le jour du mariage fixé, Babady et sa famille — surtout sa première femme Fatoumata — se préparent pour le mariage. Ils font des courses pour la fête du mariage traditionnelle : ils achètent deux moutons pour la dote de Christelle, le grand boubou du futur beau-père, des pagnes pour la future belle-mère, cinquante poulets, des paniers de noix de cola, des bidons d'huile rouge, du vin blanc et rouge, des sacs de maïs, des casiers de boissons sucrées, trois grandes valises pour y mettre les affaires de la nouvelle mariée.

Dans ces valises on trouve : des bijoux en or, quarante pagnes super wax hollandais, des chaussures assorties avec les pagnes, des soutiens-gorges, du parfum, des sacs à main assortis avec les chaussures, des rouges à lèvres de multiples couleurs, des vernis à ongles, des culottes, une montre pour femme, un miroir et une enveloppe remplie d'argent pour faire coudre les pagnes.

Dès que la dote est versée aux parents adoptifs de Christelle, la cérémonie du mariage commence. Elle dure une semaine. Les valises de la mariée sont portées sur les têtes des sœurs et cousines de Babady. Elles dansent en ronde aux rythmes du tam-tam. Elles font le tour de la case de la mariée en chantant les louanges de la femme qui accepte de se marier pour rompre avec le célibat.

La première femme porte les mêmes pagnes que sa nouvelle coépouse, la même coiffure, les mêmes chaussures, le même maquillage. C'est elle qui prendra la main de Christelle, sa nouvelle coépouse, pour l'amener chez sa belle-mère qui va l'examiner. Ensuite, si tout va bien, elle l'accompagnera dans la chambre de leur mari pour la nuit de noces, après les trois mois sans consommation exigés par les ancêtres.

Le lendemain matin, elle reviendra la chercher pour l'amener dans sa nouvelle case. C'est une très grande fête au village. Christelle jure son amour éternel à Babady, le pauvre marabout paysan.

Après le départ de Christelle pour l'Afrique, Patrick continue sa carrière d'avocat. Il déménage de l'appartement où il vivait avec Christelle et s'en va vivre une nouvelle vie dans une autre ville.

Bref, le temps a passé et il a changé de vie, mais il est resté impuissant. Jessica, sa nouvelle fiancée, continue de patienter. Patrick va se confier à une vieille tante. Elle est sa confidente, il lui dévoile son secret.

PATRICK — Tu sais Tantine ! Ça fait longtemps que je n'ai pas pu faire l'amour à une femme. Je suis devenu impuissant depuis que Christelle m'a quitté. Je ne comprends pas, aide-moi !

LA TANTE — As-tu déjà été voir les médecins sexologues ?

PATRICK — Oui ! J'ai été partout et cela n'a rien changé.

LA TANTE — Je vais te donner l'adresse d'une voyante qui utilise une boule de cristal, il faut que tu la consultes ; c'est une qui dit souvent la vérité.

Patrick remercie sa tante, puis il file vite chez la voyante.

Après l'avoir examiné, la voyante lui dit : « Je suis désolée, vous avez été possédé dans une calebasse par une femme que vous aviez connue avant. »

PATRICK — Quoi ? Possédé par une quoi ? Une calebasse ? Dans ce cas qu'est-ce qu'il faut faire ?

LA VOYANTE — Moi, je ne peux rien faire pour vous, il n'y a que la personne qui vous a condamné qui peut vous libérer de ce piège. Essayez donc par tous les moyens de trouver cette femme avec sa calebasse, pour lui demander de vous libérer. Sans cela vous risquez de devenir définitivement impuissant. Alors, Patrick retourne chez lui tout bouleversé, il se met dans son fauteuil pour y réfléchir. Comment faire ? Il se pose tant de questions sans réponse.

Soudain, on sonne à sa porte ; c'est un jeune homme africain du nom de Mamadi. Il a reçu l'ordre de quitter le territoire français et vient le consulter en tant qu'avocat, pour mettre ses papiers de séjour en ordre.

Il sonne donc à la porte de son bureau, Patrick lui ouvre la porte. Mamadi lui tend son dossier, Patrick l'invite à s'asseoir et consulte son dossier.

Une fois la consultation finie, Mamadi le remercie puis il se lève pour lui dire au revoir.

PATRICK — Attendez ! Dites-moi ! Vous venez de quel coin d'Afrique ?

MAMADI — Je viens du Cameroun.

PATRICK — Par hasard, connaissez-vous mademoiselle Christelle Durent ? Une femme blanche française qui est biologiste, elle habite peut-être dans ton village ?

MAMADI — Ha! Oui ! Vous voulez dire la biologiste blanche qui est mariée avec Maloume Babady, notre grand marabout ? Mais oui ! Je la connais ! Son mari a changé son nom le jour qu'ils se sont mariés. Il a surnommé sa nouvelle deuxième femme Ne-Nafircetou, elle ne s'appelle plus Christelle Durent. Elle habite le village de Foumbain comme moi, tenez ! Sa case est à côté de la nôtre ! Quelle coïncidence ! Vous la connaissez ?

PATRICK — Ah ! Oui ! C'est une vieille connaissance qui du jour au lendemain a décidé d'aller vivre en Afrique. Dites-moi ! Comment arrive-t-on dans ton village là-bas ? Je vais y rendre visite à ma cousine Christelle le plus tôt possible.

MAMADI — Ha! Bien sûr que c'est facile tenez ! Pour aller au Cameroun, il faut commencer par prendre l'avion, vous arrivez donc à l'aéroport de Douala, ensuite, vous prenez le car de transport commun direction Bangambi par Foumbain. Mais je vous préviens que cela ne sera pas du tout facile, car vous n'êtes pas habitué. Maintenant c'est la saison sèche et il y a trop de poussière en route.

PATRICK — Et pourquoi je ne supporterais pas ? Pour ce que je m'en vais chercher, je suis prêt à franchir tous les obstacles possibles, je suis un homme-moi ! Merde.

MAMADI — Bon ! Si vous y tenez tant, je vais vous aider ! Je vais demander à mon cousin Bakary qui fait taxi de ville là-bas d'aller vous chercher à l'aéroport dès votre arrivée et de vous accompagner par le car de transport commun en direction du village où se trouve Ne-Nafircetou. Ensuite, vous changerez le car pour prendre le taxi de brousse qui vous amènera tout droit à Didango par Bangambi dans le village où se trouve votre cousine. Ne me demandez pas le téléphone parce qu'il n'y en a pas là-bas ; seulement votre téléphone portable vous sera utile

Patrick lui dit merci.

Après le départ de Mamadi, Patrick rentre s'asseoir sur son canapé. Il est dépassé par les événements, il tient sa tête entre ses mains pour réfléchir, comment convaincre sa fiancée à propos de cette situation ! Et puis cela fait tilt, il vient de trouver un moyen de convaincre sa fiancée Jessica.

Il se précipite sur le téléphone et appelle sa fiancée au beau milieu de la nuit. Jessica est déjà dans sa chambre à coucher, le rideau de sa fenêtre fermé, elle est étendue dans son lit dans sa robe de nuit rose, ses cheveux en bigoudis, ses yeux cachés par des lunettes de sommeil ; sa veilleuse, posée sur la table de chevet, laisse apparaître une lumière faible ; il fait bon dormir.

Elle dort profondément quand soudain le téléphone sonne. Jessica se réveille en sursaut, elle prend le téléphone, les yeux encore fermés. Elle est intriguée, elle demande avec une voix rauque : « Allô ! Qui est au bout du fil ? » Patrick lui répond : « Chérie ! C'est moi ! J'ai besoin de toi ici immédiatement, saute dans ta voiture, le métro, ou le taxi et viens ici en vitesse me retrouver s'il te plaît ! C'est urgent, je t'attends ! » Puis, il raccroche.

Après ce coup de fil, Jessica est tout excitée, elle s'exclame en sortant de son lit : « Oh! Oh! Oh! Eh ! vite ! Il est sans doute en érection ! Ha! Vite ! Il faut que je me précipite pour ne pas rater ce spectacle rare. »

Elle sort de sa maison en robe de chambre, les cheveux roulés dans les bigoudis et ses chaussons aux pieds, elle court prendre sa voiture dans son garage.

« Zut ! » dit-elle en donnant un coup de pied à sa voiture avec un air fâché. « Zut ! Elle ne veut pas démarrer cette vieille caisse ! Merde ! » Ensuite, elle sort de sa voiture en courant comme une folle dans la rue ; elle fait de l'auto-stop et stoppe par hasard un taxi qui passait par là.

Elle arrive alors chez Patrick dans cet accoutrement, elle sonne à la porte, Patrick, qui l'attendait assis sur son fauteuil au salon, se lève et lui ouvre la porte. Elle se hâte d'entrer, elle respire drôlement, très vite, comme si elle avait beaucoup couru.

Patrick la prend gentiment dans ses bras, ils s'embrassent comme des fous sur le seuil de la porte, ensuite Patrick l'entraîne dans sa chambre et lui dit : « Tu sais ? L'autre jour tu voulais savoir quel était mon fantasme ; eh ! bien je veux bien te répondre aujourd'hui. »

JESSICA.— Vite, dis-le-moi ! Tu sais ? Je ferais n'importe quoi pour ton plaisir, demande-moi tout ce que tu veux que je fasse pour que tu arrives à avoir une érection mon chéri.

PATRICK — Ha! Non, ma chérie, ce n'est pas du tout ce que tu penses. Après toute la patience que tu as eue pour moi, je sais que tu es capable de tout faire pour notre plaisir à deux, mais je veux t'avouer quelque chose que je ne jamais voulu te dire. Écoute ! Je suis un homme un peu spécial moi ! J'avais connu dans le temps une jeune femme avec qui j'ai vécu longtemps et actuellement cette femme vit en Afrique où elle a refait sa vie. Si je ne retrouve pas cette femme pour lui dire en face que c'est bel et bien fini entre moi et elle, je ne retrouverai jamais ma forme normale, parce que je me sens hanté par l'idée que je la trompe avec une autre. Il faut que je m'envole pour l'Afrique dès demain matin ! Mon visa est déjà prêt. Je me suis déjà fait vacciner contre la malaria et la fièvre jaune. Mon docteur m'a également prescrit un médicament contre le paludisme, assez pour tenir pour au moins plusieurs mois. Donc, n'aie pas peur, tout ira bien.

Ils s'endorment ensemble, bras dans les bras.

Le lendemain matin, Jessica l'aide à faire sa valise.

JESSICA — Chéri ! Tu ne connais rien de l'Afrique, c'est sûr qu'ils doivent manquer de médicaments là-bas, tiens ! Attends-moi ici, j'arrive tout de suite. J'appelle mon oncle Rémi, il travaille avec Médecins sans frontière, il reçoit très souvent des dons de médicaments qu'il envoie à Médecins sans frontière dans des pays en voie de développement.

Tout de suite, elle appelle son oncle Rémi !

JESSICA — Patrick part pour quelques mois en Afrique, n'aurais-tu pas reçu des dons de médicaments pour l'Afrique ces derniers temps ?

SON ONCLE — Ah ! Oui ! Justement, on vient de me déposer quelques cartons de médicaments, tiens, je te l'apporte.

Quelques minutes plus tard, son oncle est là avec des cartons de médicaments.

Jessica prend un gros sac et y range tous les médicaments. Patrick, en voyant cela, lui demande : « Mais dis ! Ma chérie ! Pour qui tu mets tous ces médicaments ? » Avec un petit sourire aux lèvres, il ajoute : « Je ne suis pas médecin moi ! Mon père était médecin et ma mère vétérinaire. Je n'ai rien avoir avec cela moi ! J'ai vu ma mère soigner des bêtes et mon père soigner des personnes malades, mais cela n'est pas mon job. »

JESSICA — Ah oui ! Mon chéri ! Tu ne sais jamais ce qui peut t'arriver là-bas.

Ensuite ils s'en vont à l'aéroport.

Patrick lui dit au revoir en la serrant très fort contre sa poitrine.

JESSICA — Tu as ton portable téléphone avec toi ? Téléphone-moi !

PATRICK — Qu'est-ce que tu crois poussin? Je te téléphonerais toutes les minutes si je pouvais.

En Afrique pour la première fois de sa vie, Patrick découvre le continent avec toutes ses qualités.

Il est attendu à l'aéroport par Bakary, l'ami de Mamadi — le client de Patrick à Paris. Bakary accueille Patrick à l'aéroport, suivant la demande de son copain Mamadi en France, et le conduit à son hôtel.

Le lendemain matin, Bakary revient chercher Patrick à son hôtel pour l'accompagner au village Foumbain.

Il lui dit pour le prévenir : « Monsieur Patrick ! Je vous conseille de mettre une chemise et un pantalon bien résistant, car nous allons affronter les chargeurs des bus de campagne. »

Ensuite, ils se rendent à la station des bus de campagne pour emprunter le bus commun pour les villages Njimbam par Foumbain où se trouve Christelle Durent devenue Ne-Nafircetou.

Dès que Patrick et Bakary arrivent à la station de bus, c'est une catastrophe : les chargeurs des bus de campagne qui gagnent leur salaire journalier par nombre des passagers convaincus se disputent les clients.

Ils courent en masse à leur rencontre et attrapent Patrick et Bakary. Ils se jettent sur les deux passagers, ils arrachent leur sac de voyage, ils crient de partout : « Ho! Ho! Ho! Foumbain..... Foumbain. Ho! Ho! Entrez ici ! » Ils arrachent leurs bagages de force ; chacun tire de son côté les deux passagers, les chargeurs se battent entre eux et les coups de poing s'envolent de partout, et les deux passagers aussi se mêlent de la bagarre.

Une terrible bagarre éclate, ils se battent à coups de poing ; ils déchirent la chemise et le pantalon de Patrick en s'acharnant sur eux, chacun tire de son côté en criant : « Oh! Ho! Ce sont mes passagers ! Ce sont mes passagers ! » Les plus forts emmènent les deux passagers dans leur bus de campagne. Ils appellent de partout : « Monsieur ! Venez, entrez ici ! Ce bus vous emmènera à bon port. »

Pour finir, ils les forcent à entrer dans un bus contre leur volonté, Patrick qui n'était pas du tout habitué à ce genre de situation se retrouve avec tous ses vêtements déchirés par la bagarre.

En route pour le village, le chauffeur s'arrête à chaque fois pour ramasser les autres passagers comme s'il n'y en avait pas assez, si bien que le bus est plein de gens, mais il n'y a pas de limite pour le nombre des passagers. Ils sont entassés dedans comme des sardines en boîte. Certains s'assoient même sur le conducteur, si bien qu'il a du mal à passer ses vitesses. Certains passagers montent avec leurs bêtes domestiques.

Le convoyé qui voyage avec le chauffeur fait monter toutes sortes de bêtes au-dessus du toit du car de transport et les cris des bêtes retentissent de façon assourdissante. Les propriétaires de ces bêtes sont à l'intérieur de la voiture, les bêtes sont entassées en haut du toit de la voiture.

La route est impraticable ; la poussière rouge vole partout si bien que tous les passagers en sont couverts de la tête aux pieds, ils sont méconnaissables.

Arrivés quelque part au beau milieu de la jungle, le bus tombe en panne. Le chauffeur invite tous les passagers à descendre et à pousser le bus, sauf les femmes qui peuvent rester à bord.

Patrick, fatigué de pousser le bus, s'assoit un instant sur le bas-côté pour téléphoner à sa chérie à Paris. Il sort son téléphone portable de sa poche et compose le numéro et paf... pas de réseau à cause des grands arbres. L'un des passagers lui conseille de monter sur un arbre pour être bien en hauteur pour pouvoir capter les réseaux téléphoniques.

Patrick monte sur un grand arbre sur lequel se trouve un chimpanzé qui se reposait sans que Patrick s'en rende compte. Il appelle, le téléphone sonne, Jessica se précipite sur le téléphone, au bout du fil c'est Patrick !

PATRICK — Allô ! Chérie ! C'est moi ! Je pars actuellement pour le village Foumbain. Je me trouve ici dans la jungle, au milieu de nulle part, la caisse est même tombée en panne. Nous sommes en train de la pousser pour la faire démarrer. J'ai voulu souffler et j'en profite pour t'appeler. Je ne te dis pas ! La route est impraticable, tu ne me reconnaîtrais pas si tu me voyais. Je suis plein de poussière ma chérie !

Tout à coup, un grand dominant se met en colère contre Patrick, il arrache une branche d'arbre et il frappe sur la tête de Patrick qui se sauve aussitôt en criant.

PATRICK — Haï ! Haï ! Je vais être obligé d'arrêter notre conversation pour descendre de cet arbre, il y a un gros chimpanzé accroché sur l'arbre d'où je t'appelle qui me fixe dans les yeux, on me dit d'arrêter de parler parce qu'il a peur du geste que je fais avec mon téléphone à l'oreille, il se sent attaqué, ha! Ha! Ho! Il m'attaque, il arrache une branche d'arbre.

Patrick descend de l'arbre en courant, il court en criant et il laisse tomber son téléphone dans la brousse, et le chimpanzé s'empare de son téléphone et il monte avec sur l'arbre. Les autres passagers aident Patrick à récupérer le téléphone, ils crient au chimpanzé de rendre le téléphone, rien à faire ; il monte encore plus haut ; juste après il lance le téléphone par terre, tout le monde se met à sa recherche, avec beaucoup de difficultés ils le retrouvent enfin.

Après quelques instants, le conducteur du bus invite tous ses passagers à prendre place, le voyage continue, ils arrivent à Jaquirie où ils doivent prendre un autre bus. Malheureusement, ils arrivent très tard ; le bus qu'ils devaient emprunter est déjà parti à Njimbam par Foumbain. De ce fait, ils sont obligés de passer la nuit à cet endroit et de continuer leur voyage le lendemain matin.

Alors, Bakary dit à Patrick : « Patron ! Nous allons être obligés de passer la nuit dans un village tout près d'ici qui s'appelle Didango. N'ayez crainte, le chef du village bororo est très accueillant, il nous accueillera bien. Ce village se trouve juste à côté de Jaquirie, à quelque dix kilomètres d'ici, vu qu'il n'y a pas d'hôtel dans ce village. »

Patrick prend son gros sac en main et son fameux sac à dos qui est bourré des médicaments donnés par Jessica. Ils vont à pied à Didango et se rendent chez le chef du village Bororo.

Les bororos sont un peuple nomade ; ils se déplacent avec leurs troupeaux de bœufs. Là où ils trouvent de la nourriture pour leurs bêtes, ils établissent leur camp, construisent des cases que l'on appelle sarée pour y habiter et placent leurs bêtes pas loin de leurs habitations.

Bakary s'exprimait bien en patois bororo.

Ils frappent des mains devant la case du chef qui aussitôt leur ouvre sa porte. Et subitement, à la grande surprise de Bakary, il constate que les yeux du chef du village étaient devenus tout brillants de joie et de bonheur, pleins d'enthousiasme en les observant comme pour dire qu'ils sont des hôtes de marque ; on dirait même qu'il les attendait. Très rapidement, avec beaucoup d'enthousiasme, il les invite à entrer vite et à s'asseoir. Puis il fait venir ses serviteurs et leur demande d'apporter de l'eau pour leur laver les pieds et de la nourriture.Ensuite, il demande à ses servants d'apprêter la plus jolie case des étrangers pour les héberger.

Patrick est impressionné par l'hospitalité, tout est si étrange pour lui. En fait, les deux étrangers ignorent qu'ils sont pris pour des docteurs venus de l'étranger pour les soigner, eux et leur bétail.

Ils se sont dit : « Oh! Alah ! Woalïh ! Nous allons être soignés avec nos bêtes par cet homme venu du pays des blancs. »

Ensuite, les deux étrangers s'en vont dormir après avoir mangé à leur faim. Vers cinq heures du matin, le chef prend son tam-tam et son grand kakakie, puis il se met à frapper de ses forces sur le tam-tam et souffle en même temps sur son kakakie pour alerter et appeler tous les habitants du village à se rendre à la chefferie.

Patrick entend le rythme du tam-tam. Il a peur et se fait tout petit dans son sac de couchage qu'il tire jusqu'au-dessus de ses oreilles. Déjà toute la nuit, il n'avait pas pu dormir à cause des meuglements des vaches et à cinq heures du matin, il est réveillé par le bruit du grand tambour au son assourdissant, il se demande ce qui se passe.

Quand tous les habitants ont entendu l'appel du chef, ils se hâtent d'aller à la chefferie.

Le chef prend la parole. Il dit ainsi à la population : « Mes chers compatriotes, c'est pas pour rien que je vous appelle ce grand matin ! Cette nuit, j'ai reçu un médecin venu du pays des blancs et son assistant dans ma chefferie. Quel grand jour pour nous ! Il va pouvoir nous soigner nous et nos bêtes, allez chercher votre bétail, vos femmes et vos enfants malades ; il va devoir nous soigner tous. »

Quelques minutes plus tard, la cour de la chefferie est remplie de monde. Des femmes et des enfants, des vieux et des vieilles, les hommes et les bêtes s'alignent pour attendre chacun leurs soins. Les vieilles personnes conseillent aux jeunes gens de suivre leur exemple, de se fiancer et même se marier quand ils reçoivent la visite inhabituelle d'un personnage venu d'ailleurs, car cela porterait chance et bonheur aux couples qui se marient en présence de ce personnage. Donc la présence de Patrick est aussi considérée comme un porte-bonheur pour les jeunes gens célibataires en âge de se marier. Alors, tous les jeunes filles et jeunes garçons qui voudraient déjà se marier veulent profiter de cette présence plutôt rare pour se fiancer et même se marier pour après quitter définitivement la case de leurs parents.

Ils se font une beauté, les jeunes filles se maquillent et mettent leurs plus beaux pagnes. Les jeunes viennent en masse. Elles organisent des groupes de danse entre eux, et elles dansent au rythme du tam-tam pour choisir leur futur mari.

Pendant ce temps, leurs parents s'occupent des choses plus sérieuses : ils alignent leurs bêtes et les plus petits enfants pour que Patrick les soigne.

Le chef est très content, il a même fait tuer un bœuf pour le faire cuire à la braise pour la fête.

Patrick et Bakary se réveillent, ils trouvent la cour pleine de gens et se demande ce qui se passe.

Soudain, le chef demande d'arrêter la danse et la musique. Puis il invite Patrick et Bakary à venir s'asseoir sur les deux chaises d'honneur à côté de lui. Ensuite, il prend la parole en patois bororo et Bakary fait l'interprète pour Patrick.

LE CHEF — En tant que chef du village bororo et au nom de nos compatriotes que vous voyez ici, je vous souhaite la bienvenue dans notre village. Nous vous remercions beaucoup de votre visite ici dans ce village Didango, c'est une très grande joie pour nous de vous accueillir et de vous héberger ici chez nous. Nous sommes malades ! Nos troupeaux d'animaux, nos femmes et nos enfants sont malades.

Pendant ce temps, les femmes allaitent leur bébé pour qu'il ne dérange pas le discours important du chef.

LE CHEF — Regardez-les !

Patrick tourne la tête vers les femmes ; il regarde avec curiosité, c'est du jamais vu pour lui, il regarde les femmes torses nus avec de longues mamelles qu'elles ont abandonnées dans les bouches des bébés accrochés à leur poitrine.

LE CHEF — Nous n'avons plus rien ! Quand nous allons à l'hôpital pour nous faire soigner, nous ne trouvons même pas de médecins ; nos hôpitaux sont vides. Il manque des médecins dans nos hôpitaux et des médicaments ; nous devons apporter par exemple les seringues, l'alcool et tout ce qu'il faut pour nous faire soigner, nous n'avons plus de médicaments. Même les femmes qui doivent voir un gynécologue apportent elles-mêmes leurs gants pour que le gynécologue puisse se protéger les mains et leur faire un prélèvement vaginal, il n'y a plus rien dans nos hôpitaux. Nous et nos troupeaux de bêtes manquons de soins appropriés. Nous n'avons ni médecin, ni vétérinaire dans notre village, ayez pitié de nous, soyez généreux, soignez-nous ainsi que nos bêtes. Nos femmes, nos enfants et nos bêtes, je vous en prie. Tenez : il y a la vache et le mouton de ma troisième femme qui s'étaient fait mordre la patte par un méchant chien l'autre jour, ils souffrent ! Ils ne peuvent même plus se lever pour aller brouter des herbes ; regardez ! Sa patte lui fait si mal.

Patrick se lève vite pour aller chercher son sac de médicaments dans la case où ils étaient hébergés. Puis, il revient et il se met à faire un pansement sur la patte du mouton et la vache.

Pendant ce temps, les vaches, chèvres, moutons, les poules, les femmes et les enfants, les vieilles personnes s'alignent devant Patrick, ils attendent de recevoir chacun un soin approprié.

Soudain un autre groupe de personnes s'avance en courant, elles portent une femme qui crie et hurle de toutes ses forces comme une folle ; cette femme est enceinte, elle est prête à accoucher, son mari la porte sur son dos.

Patrick, voyant cela, se lève, tout dépassé par les événements, il tient sa tête dans ses mains, la bouche grand ouverte, il regarde la femme qu'on lui apporte.La femme est déposée à ses pieds pour qu'il la fasse accoucher. Il abandonne vite la patte du mouton et s'exclame : « Ho! Ho! Nom d'une pipe ! Mon Dieu ! Qu'est-ce que c'est que ça ? Je rêve ! Qu'est-ce qui m'arrive ? Nom de dieu ! »

La femme déposée aux pieds de Patrick hurle comme une folle. Patrick se dit à lui-même : « Maintenant, sans blague, il faut que je m'y mette, mon père était médecin et ma chère mère vétérinaire. Je n'ai jamais opté pour la médecine, moi ! Et voilà que cela me tombe sur la tête aujourd'hui ; merde ! Nom d'une pipe ! Maintenant ; je dois faire comme papa et maman. Ha ! Je dois me battre pour sauver cette pauvre femme et son bébé. »

Il se lève vite, il retrousse les manches de sa chemise, la femme hurle. Il demande aux gens de s'écarter. Puis il fouille dans son fameux sac de médicaments, pour chercher des gants et de l'alcool, une paire de ciseaux, il se lave les mains et les stérilise avec de l'alcool. Ensuite, il demande qu'on lui apporte la femme dans la case d'hôte accompagnée de quelques membres de sa famille.

Pendant que Patrick est en train de faire son possible pour accoucher la femme, le chef du village se lève à son tour, il fait taire les gens et il demande l'attention de tout le monde en frappant sur une bouteille ; il dit : « Écoutez-moi ! Écoutez-moi bien, mes chers compatriotes ! Je vous prie. Mes chers compatriotes ! C'est une très grande joie pour moi que j'exprime devant vous encore une fois, cette journée est aussi peut-être pour moi la journée de mes fiançailles. Selon la coutume de nos ancêtres, la femme qui est en train d'accoucher, si elle accouche d'une fille, cette fille est ma dixième femme et si c'est un garçon, il sera le plus grand notable de cette chefferie ; que la fête continue merci. » Puis il revient s'asseoir à sa place d'honneur pour attendre patiemment le résultat de l'accouchement.

Après beaucoup d'efforts, Patrick réussit enfin à faire accoucher la femme. Le bébé sort du ventre de sa mère, elle pleure, Patrick lui coupe le cordon ombilical.

« C'est une fille », s'exclame-t-il avec joie.

Le chef, apprenant que c'est une fille, devient fou de joie, il se lève discrètement et vite, il file dans sa case pour se relooker, il se rase rapidement la barbe blanche vite fait, puis il change ses vêtements : il enlève les vieux boubous sales et troués qu'il portait sur lui pour montrer l'image de la souffrance et de la pauvreté à Patrick. Il choisit sa plus belle gandoura brodée toute blanche avec des babouches toutes blanches, il se parfume d'un parfum rare pour se montrer galant aux yeux de sa future belle-mère qui n'est personne d'autre que la maman du nouveau-né. Il est très heureux et fier de lui.

Tout le monde observe trente minutes de silence en honneur de la femme et de son bébé, puis ils applaudissent de joie. Tout le monde est content pour la maman et son bébé.

Le chef du village s'élève et crie : « Hourra ! Hourra ! Que la fête continue pendant une semaine, comme c'est une fille, elle sera ma future femme quand elle atteindra l'âge adulte. »

Les femmes entrent dans la case où se trouve la maman du nouveau-né pour faire sa toilette et celle du bébé pendant que la maman du bébé se repose. Le chef du village fait venir ses notables pour leur demander d'aller choisir des bœufs et des vaches, et d'apporter deux beaux bracelets en diamant. Les femmes finissent donc de faire la toilette du bébé et de sa mère, puis elles apportent le bébé pour le présenter au chef. Le chef prend le bras du bébé ; il lui met le bracelet en diamant et ensuite, il lui met le deuxième bracelet en or à la cheville en signe de fiançailles.

Après une semaine de danse au rythme du tam-tam et de la flûte, la maman et son bébé sont accompagnés à dos de cheval chez elles par les griots vêtus de leur costume folklorique traditionnel avec tous les honneurs dus à leur rang de belle-mère et future femme du chef. Les jeunes gens reprennent leur danse de séduction.

Patrick est très fatigué, il se retire avec Bakary pour se reposer. Ils doivent reprendre la route pour Bangambi et retrouver Christelle, la femme du marabout, qui avait jeté un sort à Patrick pour qu'il l'aime.

Le lendemain matin, Patrick est tout troublé de ce qu'il a vu et entendu, il demande à Bakary : « S'il vous plaît ! Pouvez-vous m'expliquer toutes ces situations difficiles ? »

BAKARY — Eh bien, je veux vous répondre en réalité en tant qu'autochtone ! Tu sais, mon ami ! C'est pas pour rien que nous en sommes là aujourd'hui. Je vais vous dire la vérité sur ce qui nous arrive ici Afrique. La cause réelle de notre sous-développement, de notre ruine tragique, est la fuite des cerveaux. Tous les jeunes gens intellectuels, riches en talent, les vrais cerveaux de ce pays, un peu comme vous, ceux qui ont un bagage intellectuel, qui pourraient aider ce pays à mieux se développer, eh bien ils sont tous partis à l'étranger ; ils sont éparpillés partout dans le monde. Ils sont tous partis à l'étranger pour chercher une vie meilleure là-bas. Il s'agit d'un acte tragique qui entraine le sous-développement du continent africain. L'un des pionniers les plus redoutables est le retour aux pratiques ancestrales, le complexe racial, les égoïsmes en tous genres, la croyance en la magie, la pratique de la sorcellerie, la corruption, le favoritisme, c'est-à-dire quand les gens privilégient leurs proches, le recrutement dans les sociétés, les usines et autres… Il montre la rupture entre les classes sociales qui est due à la mauvaise redistribution des richesses.

Dans une société, lorsque vous êtes d'une classe sociale inférieure et que vous voulez travailler, on vous refuse l'emploi, car vous « n'êtes pas de la même classe ». L'égoïsme social et le matérialisme sont présents à tous les niveaux. Ils provoquent la détérioration des échanges, des guerres tribales, des génocides… L'Africain devient l'auteur de sa propre destruction.

Tous les jeunes intellectuels qui ont du talent, les vrais cerveaux de ce pays — un peu comme vous qui avez des bagages intellectuels – qui peuvent soutenir et aider ce continent à mieux se développer sont tous partis à l'étranger. Quelle honte ! Ils sont tous éparpillés partout dans le monde pour chercher une vie meilleure. C'est la vraie cause de la ruine de ce continent, croyez-moi.

Il y en a d'autres qui sont partis à l'étranger pour faire des formations professionnelles et qui devaient revenir après, mais ils ne sont pas revenus après avoir fini leur formation ou leurs études universitaires. La plupart trouvent même du travail sur place, que ce soit en France ou ailleurs, qu'en sais-je ! L'on me dit même que ces immigrés intellectuels préfèrent rester en Europe pour exercer des emplois sans rapport avec leur rang social et intellectuel.

Quand elles viennent ici en vacances, ces personnes se masquent et trompent la vigilance des jeunes gens qui abandonnent leur petit boulot satisfaisant pour suivre un rêve impossible. Ils s'imaginent que l'Europe est un Eldorado. Dès qu'ils arrivent en Europe, leurs rêves tournent en cauchemar face à la réalité tragique de l'Europe, paraît-il.

Comme vous pouvez le constater, ce pays a grand besoin de ses enfants pour se développer, croyez-moi. Ces jeunes gens ayant des bagages intellectuels doivent revenir au pays comme de vrais héros pour combattre la misère, la pauvreté et mettre à profit le savoir-faire qu'ils ont acquis à l'étranger et aussi pour en faire profiter les gens illettrés comme moi qui suis resté ici pour garder nos traditions. Soyez sûrs qu'ils ne sont sans doute pas heureux d'abandonner leur patrie, car on est toujours roi chez soi. Tout ce qu'il faut faire si vous voulez nous aider à sortir notre continent de cette situation difficile, c'est faire la chasse aux cerveaux. Je me dis que si les intellectuels de ce pays qui ont immigré pouvaient rester ici et faire marcher les choses, s'ils pouvaient rentrer comme de vrais héros pour aider en utilisant leur savoir-faire, alors je vous assure que les choses iraient bon train. Veuillez sensibiliser la diaspora aux dures réalités de l'Afrique et inviter ceux qui disposent de moyens suffisants à investir en Afrique afin d'aider les états à lutter contre le chômage. Demandez-leur de faire don à l'Afrique de machines pour transformer les matières premières. Faites la chasse aux cerveaux et rendez-les-nous. C'est un vrai cri d'alarme que je vous envoie. Si vous le pouvez, n'hésitez pas à faire quelque chose, s'il vous plaît. »

Patrick est très ému ; il écoute toutes ces paroles, cela lui va droit au cœur et il se dit : « Tiens ! Je suis victime d'une perte d'identité, moi !! C'est à moi qu'il s'adresse sans se rendre compte ; J'en fais partie moi aussi ! Nous devrons faire face au sous-développement et vaincre la pauvreté sur notre continent africain. C'est bien dommage que je me rende compte de cela que maintenant ! C'est la faute de mes parents qui ont immigré en Europe à l'époque ; tant d'années sans plus jamais se soucier d'où ils viennent ! Et voilà ! Merde ! Je suis étranger sur mon propre continent ! C'est une honte. Je suis né sur le continent européen ! Mon identité réelle est perdue, mais je vais me rattraper. »

Patrick est ému d'écouter les paroles de Bakary, cela lui va droit au cœur, il lui répond : « Ah bon ! J'ai pris note de tout ce que vous m'avez raconté ainsi de ce que j'ai vu de mes propres yeux. À mon niveau, j'essayerai à mon retour à Paris de faire quelque chose à ce sujet, je vous le promets. »

Le lendemain matin, les deux voyageurs remercient chaleureusement le chef du village. Ils disent au revoir et s'en vont. Ils doivent encore parcourir quelque cent cinquante kilomètres avant d'atteindre le village Njimbami, village où s'est mariée Christelle devenue Ne-Nafircetou. Malheureusement, le seul moyen de transport disponible est une pickup dont l'arrière est ouvert et par où tous les passagers prennent place. Ils empruntent donc le pickup Toyota avec plus de cent personnes. Patrick est déjà habitué à cette situation, ils sont de nouveau entassés comme des sardines en boîte. La plupart des passagers sont des commerçants qui reviennent du marché où ils ont acheté leurs poissons fumés, cela dégage une odeur terrible. D'autres personnes montent avec leurs cochons et leurs poulets entassés dans des paniers à volaille. Tous s'en vont au village sur une route non bitumée, pleine de poussière.

Des jeunes gens qui jouent au football sur la route aperçoivent la vieille caisse Toyota Bacher ; avec le derrière grand ouvert plein de commerçants, d'animaux domestiques, ils se mettent à courir derrière et commencent à hurler et à se moquer des passagers, ils leurs jettent des tomates pourries sur la figure en criant comme des malades, les passagers se fâchent et ripostent en les injuriant. Les jeunes gens agissent ainsi parce qu'ils doivent arrêter de jouer pour attendre le passage de la voiture qui les empêche de jouer au foot. Ainsi, d'autres passagers ripostent avec des injures, ils esquivent les tomates lancées par les jeunes.

Ils descendent enfin de la voiture puis ils s'en vont à la chefferie de Bangambi pour y loger. Patrick a de la tomate sur la figure, et les cheveux. Ses vêtements sont couverts aussi de poussière rouge. Pauvre Patrick, il est méconnaissable.

Après le mariage de Christelle avec Babady, sans que le mariage soit consommé, Christelle est confiée à sa belle mère Aminata, pour qu'elle puise bien l'examiner, de peur que Christelle soit enceinte d'un autre. Elle doit l'observer et lui apprendre à devenir une bonne femme africaine, pendant une période de trois mois. Elle attend aussi la confirmation des ancêtres de Babady avant que la consommation du mariage puisse avoir lieu.Elle habite donc chez sa belle-mère, quand soudain, les griots de la chefferie viennent chez elle lui dire qu'elle a de la visite. Elle se demande qui ça peut bien être. Elle est suit les griots.

Arrivée à la chefferie, à sa grande surprise, elle trouve Patrick. Elle lui demande en titubant : « Mais ! Que... qu'est-ce que tu fais là ? Tu es venu me chercher ? Sois sûre que je ne viendrai pas avec toi ! Avec toi, j'ai eu ma dose et ça suffit. »

PATRICK — Christelle !

CHRISTELLE — Non ! Non ! Appelle-moi Ne-Safircetou ! Je ne me nomme plus Christelle Durent ! Oui ! Je t'écoute.

PATRICK — Non ! Rassure-toi, madame Ne-Safircetou ! Je ne suis pas venu te chercher, mais je suis venu pour que tu me rendes ce que tu m'as mystiquement volé.

CHRISTELLE — Eh bien oui ! C'est le résultat d'un compromis : Fais-toi pousser les plumes et vas chier sur un arbre. Je t'avais jeté un sort pour que tu m'aimes encore un peu.

Elle est en pleurs. Patrick s'approche d'elle pour la consoler.

PATRICK — Ça va ! Ça va ! Ne pleure plus ma chère ! Tiens ! Assieds-toi à côté de moi, j'ai à te parler ! Dis-moi ! Comment tu vas ? Es-tu heureuse avec ton mari ?

CHRISTELLE — Jusqu'ici oui ! Très heureuse même.

Patrick reprend la parole d'un air furieux.

PATRICK — Eh bien ! Moi, je ne le suis pas. Figure-toi ! Figure-toi qu'après trois années que nous sommes séparés, je n'ai jamais pu avoir des rapports sexuels avec une femme ; je n'ai plus d'érection avec qui que ce soit. Je suis impuissant ! Tu t'imagines un peu ?

Christelle se lève et rapplique.

CHRISTELLE — C'est fini, la conversation ! Je retourne à la maison, mon mari va s'inquiéter.

Patrick devient tout rouge, furieux.

PATRICK — C'est scandaleux tout de même.

Ensuite Patrick reprend son calme.

PATRICK — Ma chère ! Figure-toi que j'ai fait six mille kilomètres pour te chercher ! J'ai laissé une personne à Paris qui meurt d'impatience depuis longtemps de faire l'amour avec moi ! Il faut que tu me rendes ma liberté pour que je retourne satisfaire cette personne. Si tu veux tout savoir, cette personne, c'est ma future femme, nous nous marions d'ici peu.

Christelle lui répond le dos tourné.

CHRISTELLE — Bon ! C'est entendu ! Tu auras tout ce que tu voudras dès demain matin quand mon mari sera de retour de son voyage.

Patrick et Bakary sont hébergés à la chefferie.

Christelle retourne chez elle. Babady son époux est en déplacement à l'étranger, elle appelle son mari sur son téléphone portable pour lui parler discrètement.

CHRISTELLE — Tu sais ? Patrick est ici !

BABADY — Quoi ? Tu veux dire que tu me quittes maintenant ?

CHRISTELLE — Mais non ! Rassure-toi mon chéri ! N'ai pas peur, je ne te quitterai plus jamais, crois-moi ! Il est juste venu chercher sa liberté sexuelle. Tu sais qu'il est resté plus de trois ans impuissant, je crois que maintenant, il est temps que je lui rende sa liberté.

BABADY — Bon ! Si tel est ton désir, ma chérie, on lui rendra sa liberté.

CHRISTELLE — Dans ce cas qu'est-ce que je dois faire ?

BABADY — Va lui demander de t'apporter un canari qu'il remplira d'eau à la source et qu'il portera sur sa tête de la source jusqu'à chez toi. Quand il arrivera avec ce canari plein d'eau de source, tu lui demanderas de danser en sautant sur un pied sans qu'une goutte d'eau tombe par terre ! Tu surveilles bien qu'aucune goutte d'eau ne touche le sol. Après, s'il réussit cette épreuve, tu lui prends son canari sur la tête et tu le casses par terre ; ainsi, il retrouvera sa liberté sexuelle.

Le lendemain matin, Christelle s'en va retrouver Patrick pour lui expliquer ce qu'il devra faire. À la demande de Christelle, Patrick et Bakary se rendent au marché, ils achètent un canari, ensuite ils se rendent à la source. Patrick remplit d'eau le canari, il le porte sur sa tête et le tient bien fort avec ses deux mains, puis il revient trouver Christelle discrètement. Christelle lui montre un coin du champ, il se met à danser en sautant sur un pied, ses deux mains sur le bard du canari comme l'a expliqué Babady. Discrètement, à l'abri des regards, Patrick danse en sautant sur un pied, la première fois, il laisse tomber quelques gouttes d'eau par terre.

CHRISTELLE — C'est raté ! Et c'est à recommencer mon vieux ! Car aucune goutte d'eau ne doit tomber par terre.

Patrick se remet à danser ! Fatigué, il est en sueur.

Il finit par réussir enfin.

Christelle lui prend son canari d'eau sur sa tête, puis elle le casse par terre.

Tout à coup, Patrick retrouve son érection normale immédiatement. Tout content, il saute de joie, il sort son téléphone portable pour appeler Jessica sa fiancée. Christelle, le voyant ainsi parler au téléphone avec une autre, fond en larmes. Elle pleure bruyamment devant lui pour que Jessica puisse bien entendre ses pleurs, Patrick évite Christelle et se déplace un peu de côté pour que Jessica ne puisse plus entendre les hurlements de Christelle. Pour embêter Patrick, Christelle se rapproche davantage de lui en criant encore plus fort.

Patrick, après avoir fini sa conversation avec Jessica, raccroche son téléphone puis il s'approche tout doucement à côté de Christelle et lui demande à voix basse : « Tu pleures ? Pourquoi ? Dis-moi ! Pourquoi m'as-tu fait cela ma chère ? »

Les larmes plein les yeux, elle lui répond :

CHRISTELLE — C'est bien regrettable que notre amour s'achève ainsi ! J'étais folle amoureuse de toi ! Tu m'as trahie de la façon la plus odieuse qui soit ! Avoue que depuis belle lurette, tu n'as fait que te distraire avec moi ! Tu t'es servi de moi pour jeter tes gourmes aux orties ! Et moi, je ne l'ai su que trop tard. Je réclamais un peu de tendresse ! Avec toi, j'avais construit tant de châteaux et tout est réduit en cendre. Comment pouvais-je supporter toutes ces montagnes de douleurs ? Je t'avais jeté un sort pour que tu m'aimes encore un peu, mais tu m'as rejetée comme un vieux chiffon usé dont on ne se sert plus. C'est pour cela que j'avais choisi de m'enfuir au fin fond de l'Afrique pour t'oublier et oublier qui j'étais aussi. Comment pourrais-je croire ? Ma passion pour toi s'est réduite en cendre. À présent, mon amour pour toi, je l'ai dans ma poche avec un mouchoir, déçu à jamais. Que je ne te vois plus jamais sur mon chemin ! La blessure que tu m'as faite est si grande dans mon cœur !

Patrick reste la bouche grande ouverte. La fixant, il se noie dans ses grands yeux incroyablement bleus, sans oser prononcer un mot.

À lui-même, il se dit : « Je n'avais jamais imaginé la grandeur de l'amour que Christelle me vouait, c'est incroyable. »

Patrick finit par mûrir ! Il comprend à quel point il a fait du mal à la seule personne qui l'aimait plus que tout au monde, sans qu'il s'en rendre compte vraiment.

Christelle court dans sa case chez sa belle-mère, en lui disant : « Vas-t-en d'ici ! Je ne veux plus jamais te revoir sur mon chemin ! La blessure que tu m'as faite est si grande dans mon cœur. »

Le lendemain matin, Patrick et Bakary retournent en ville. Patrick prend son avion et il retourne en France tout satisfait de sa guérison.

Jessica vient l'accueillir à l'aéroport Charles de Gaulle ; ils s'en vont le plus rapidement possible chez Patrick. Jessica, tout excitée de voir son homme se débarrasser enfin de ses vieux souvenirs qui empoisonnaient leur vie sexuelle. Elle est sûre de gagner le cœur de Patrick pour toujours ; elle se dit « Ha! Ça y est ! Je vais pouvoir enfin faire l'amour avec lui. »

Le soir venu, elle organise un dîner en tête à tête chez elle, elle invite Patrick qui arrive aussitôt les mains chargées de petits cadeaux d'Afrique.

Après le dîner, Jessica lui fait couler un bain, après le bain, ils s'embrassent comme des fous au lit, ils parviennent à faire l'amour. Juste après, paf, Patrick pense à Christelle, il se rappelle toute la peine qu'il lui a faite, sans se rendre compte qu'il était réellement amoureux de Christelle.

Toutes les paroles que Christelle lui a dites en Afrique lui vont droit au cœur. Elles lui reviennent en mémoire tout le temps. Il réalise à quel point il a fait de la peine à la seule personne qu'il aime vraiment.

Pour finir, l'amour triomphe malgré tous les efforts de Jessica pour séduire et retenir Patrick. De ce fait, il perd le goût de faire l'amour à Jessica. Il arrête tout et se lève du lit comme un fou. Puis, il se rhabille en vitesse. Jessica, tout étonnée, essaie de le retenir, en vain, il regarde Jessica dans le lit et lui dit : « Pardonne-moi ! » Il sort de la chambre, puis il s'en va chez lui.

Il pense tant à Christelle qu'il n'arrive plus à se concentrer sur Jessica.

« Ah ! C'est terrifiant ! s'exclame Jessica. Le destin distribue parfois mal les cartes ».

Après cette épreuve, Patrick se pose beaucoup de questions : « Mais qu'est-ce qui se passe encore ? J'avais pourtant retrouvé ma forme normale en Afrique après ma guérison. »

Qui sait ? Comme le destin parfois se métamorphose, ceux-ci parviendront peut-être à se donner une seconde chance.

Malheureusement pour Jessica, et heureusement pour Christelle, il se dit : « Il se peut que j'aime encore Christelle. Bref ! Tout cela ne rime à rien, elle est mariée, si je retourne en Afrique ça sera dans le seul but d'apporter ma contribution, mon soutien contre le sous-développement du continent africain dont je suis issu. »

Quelques jours plus tard, chez lui en compagnie de Jessica, Patrick raconte tout son parcours en Afrique à Jessica. Il semble comme hanté par ce qu'il a vécu en Afrique, à chaque fois qu'il y pense, il a les larmes aux yeux. Il pense sans arrêt à ces peuples en grande souffrance, délaissés par les intellectuels qui sont tous partis à l'étranger chercher fortune. Lui-même est concerné, il n'en revient pas, il en est malade de pitié.

Il se dit : « C'est bien dommage, cette fortune qu'ils vont chercher ailleurs se trouve bien ici Afrique et nulle part ailleurs. »

Puis, un jour, tellement hanté par l'idée de se rendre utile au continent africain, Patrick se sent obligé de venir en aide sans plus tarder à son peuple. Il décide d'abandonner tous ses projets en Europe : son travail, ses amis, sa famille adoptive. Il veut retourner vivre en Afrique et donner son coup de pouce au développement de ce continent dépourvu de tout.

Il organise d'abord un rassemblement de la diaspora africaine d'Europe afin de mettre en œuvre les idées de son ami Bakari avec succès, puis consulte des expert en montage et réalisation de projets de développement. Enfin, il décide d'abandonner tous ses projets enrichissant en Europe (son travail, ses amis, sa famille adoptive) pour retourner par amour pour l'humanité vivre en Afrique et donner son coup de pouce sur le plan du développement de ce continent

Un jour, Mamadi, son client africain demandeur d'asile politique, vient sonner chez lui pour chercher un travail de jardinier. Il voudrait travailler dans le jardin de Patrick pour gagner quelques sous, parce qu'il ne reçoit plus l'aide sociale aux réfugiés (le haut-commissariat aux réfugiés lui avait donné l'ordre de quitter le territoire.)

PATRICK — Ah ! Comme le hasard fait bien les choses. Justement, j'allais vous contacter, cela tombe bien que vous soyez venu. Je voulais vous revoir !

MAMADI — Oui ! À quel sujet ?

PATRICK — Tiens ! Viens t'asseoir ! Veux-tu quelque chose à boire ?

MAMADI — Oui ! Volontiers ! Je veux bien boire de la limonade !

Patrick lui sert de la limonade.

PATRICK — Je m'excuse, mais pouvons-nous nous tutoyer ?

MAMADI — Volontiers.

Patrick lui apporte son verre de limonade. Il se sert un verre de bière. Pendant qu'ils boivent ensemble, Patrick en profite pour lui parler de ses soucis concernant l'Afrique.

PATRICK — Si j'ai bonne mémoire, tu m'avais raconté que tu étais venu en Europe avec le projet de te spécialiser et de devenir vétérinaire, tu es venu d'Afrique avec tes diplômes universitaires en poche ? Maintenant, tu as fini ta formation avec mention bien, mais tu choisis de rester ici sans plus rentrer au pays faire ta carrière de vétérinaire, c'est pour cela que tu demandes la régularisation de tes papiers.

MAMADI — Oui !

PATRICK — Veux-tu me dire pourquoi tu ne veux plus rentrer exercer ton savoir-faire en Afrique ? Tu sais, l'Afrique a grand besoin de toi, des gens comme toi et moi pour se développer. Tu sais ? Nous devrions unifier nos forces, nos connaissances, pour faire face au sous-développement du continent africain. L'Afrique a grand besoin de ses enfants qui se sont expatriés partout dans le monde. L'Afrique ! Berceau de l'humanité où la nature reste encore vierge, où tout est encore si naturel. Des cerveaux comme toi par exemple sont en fuite, pourquoi ? Pourtant, le continent africain a besoin de ses enfants, comme toi et moi, qui ont un bagage intellectuel, pour se développer. Tiens ! Je veux que tu acceptes de venir avec moi en Afrique pour devenir mon assistant. Je t'offre un billet d'avion. Quant à moi, je renonce à mon poste d'avocat et je vais en Afrique aider mon peuple à se développer. Je vais devenir l'assistant de Médecins sans frontière, bref ; l'homme à tout faire, quoi. Mon père était médecin et l'on dit souvent, tel père tel fils. Le travail dans mon jardin que tu voudrais exercer ne me sert plus à rien, c'est décidé, je pars pour l'Afrique d'ici peu. Laisse-moi te dire Monsieur Mamadi que je suis sûr que, dans ton pays, le peu que tu gagneras en dépassera les millions et l'or que tu crois trouver ici, car tu seras près des tiens là-bas, rien n'est plus beau que d'être entouré des siens. Tiens ! Je te laisse réfléchir, retourne chez toi et réfléchis à cette proposition, et tiens-moi au courant.

Après le départ de Mamadi, Patrick téléphone à sa fiancée Jessica pour lui demander s'il peut venir chez elle pour discuter d'un problème qui lui tient à cœur et qui le tourmente depuis son retour d'Afrique.

JESSICA — Qu'est-ce qu'il y a mon amour ? Dis-moi, tu veux me quitter, c'est ça ? Tu as revu ton ex-femme, et tu es de nouveau amoureux d'elle, n'est-ce pas ?

PATRICK — Mais non ! Ma chérie ! Où vas-tu chercher ce genre d'idées ? Tu es sans ignorer que je t'aime, ce n'est pas du tout ce que tu crois. Tiens, je t'invite ce soir à dîner avec moi au restaurant.

Le soir au restaurant, après le dîner, Jessica lui demande : « Dis-moi ! C'est quoi le problème qui te tient tant à cœur ? »

PATRICK — Je renonce à mon poste d'avocat et je m'en vais en Afrique pour aider mon peuple, ils ont tant besoin de moi. Veux-tu venir avec moi ?

JESSICA — Quoi ? Tu es complètement dérangé hein ? Ma réponse, c'est non ! Mais je rêve ! C'est un cauchemar !

En colère, elle se lève, prend son sac à main et file dans sa voiture.

Patrick ne fait rien pour la retenir, il paye la note du restaurant tranquillement, se lève gentiment, puis il rejoint sa voiture et retourne chez lui.

Le lendemain matin, Patrick s'est reloooké en plein hiver et va à son cabinet d'avocat en portant une gandoura, l'habit traditionnel africain, une chéchia africaine sur la tête.

Sa secrétaire, intriguée en le voyant ainsi habillé dans ce costume, se demande ce qui lui prend.

LA SECRÉTAIRE — Maître ! Les documents à signer sont prêts dans votre bureau !

PATRICK — C'est entendu ! Vous pouvez les signer à ma place !

LA SECRÉTAIRE — Quoi ? Pardonnez-moi maître ! Je !! Je ne vous ai pas bien compris, signer à votre place ?

LA SECRÉTAIRE (à elle-même) — C'est insensé ! Qu'est-ce qui lui arrive ? Je rêve les yeux grands ouverts !

Juste après, Patrick monte sur ses grands chevaux ; il lui répond d'un air fâché et décidé.

PATRICK. — Vous n'avez rien compris ? C'est terminé ! Je dis qu'on ferme la boutique ! Allez, salut la compagnie !

Il claque la porte et il s'en va.

Il a vraiment compris qu'il est très important pour le développement de son pays et que son pays a grand besoin de son coup de pouce.

Le lendemain matin, le téléphone sonne, c'est Mamadi au bout du fil.

PATRICK. — Et alors ? Es-tu prêt à venir avec moi en Afrique ?

MAMADI. — Oui ! Mais j'ai besoin de réfléchir encore avant de te rejoins à l'aéroport, dis-moi ! À quelle heure ton avion décolle ?

PATRICK. — Fais à ton aise, le départ, c'est à six-heures demain matin.

Le lendemain matin, Patrick s'en va à l'aéroport, il attend Mamadi qui n'arrive toujours pas. « Tant pis ! » dit-il, et il embarque pour l'Afrique, seul, sans Mamadi qui s'accroche pour avoir la régularisation de ses papiers.

Patrick pense à Jessica, il voudrait lui laisser un message sur son téléphone, mais soudain, Jessica sort du taxi avec ses bagages et appelle Patrick de toutes ses forces, hélas ! Trop tard ; Patrick est déjà dans l'avion.

Le retour de Patrick en Afrique : l'avion de Patrick atterrit à l'aéroport de Douala, il est attendu par Bakary, le chauffeur taxi de ville qui a déjà annoncé l'arrivée de Patrick au village. La nouvelle va de bouche à oreille ; toutes les villageoises accourent pour acclamer Patrick, ils crient de partout : « Hourra !

Hourra ! Ho ! Ho ! Merci Allah ! Notre grand héros est de retour ! Il va pouvoir nous soigner, nous et nos troupeaux. »

Patrick est déjà devenu une idole, le vrai héros de toutes les villageoises. Il est attendu au village par toutes les villageoises venues en masse pour acclamer celui qu'elles ont surnommé leur héros, celui qui est venu pour les aider à sortir de leur misère.

Patrick arrive au village, porté à dos d'homme ; il est accueilli par les autochtones du village, par des hourras et des applaudissements enthousiasmés. Il est accueilli ensuite par le chef du village en personne ; les griots de la chefferie jouent de la flûte, du kakakie et du tam-tam, tous les villageois chantent et dansent à la gloire de leur héros qui a osé quitter tous ses biens en Europe, dans le seul but de venir en aide aux plus démunis en Afrique.

Patrick est invité à s'asseoir à la place d'honneur par le chef, puis il prend la parole et il s'adresse aux habitants : « Je suis très heureux et fier d'être parmi vous aujourd'hui ! J'avais cru perdre mon identité à jamais, mais je la retrouve aujourd'hui, quelle grande joie pour moi. En ce qui concerne le grand souci que nous avons tous de lutter contre le sous-développement et la pauvreté de notre continent, nous allons unir nos forces pour faire face à ces fléaux qui nous empoisonnent la vie. C'est pourquoi j'invite tout le monde sans distinction à venir s'instruire à l'école dont je vais me charger personnellement. »

Après le discours de Patrick, le chef choisit quelques jeunes hommes et leur demande de fabriquer des bancs en raphia à l'abri du grand baobab. Patrick accroche à son tour le grand tableau noir sur le grand arbre à palabre.

À l'école sous l'arbre, Patrick enseigne à tous les jeunes gens :

— Mes chers confrères, bonjour ! La leçon d'aujourd'hui consiste à vous présenter les causes du sous-développement de nos continents et quelques mesures appropriées pour en venir à bout ! Nous pouvons mentionner entre autres causes : le conflit des générations. C'est l'un des problèmes du sous-développement qui se posent en Afrique avec acuité. Il s'explique par le fait que l'ancienne génération et la nouvelle ont connu des réalités presque contradictoires. La première préserve les valeurs sociales tandis que la deuxième s'en passe : d'où une méfiance réciproque. Les jeunes sont ainsi frustrés face aux parents qui redoutent leur partenariat. Il serait donc important pour tout le monde de regarder dans la même direction. Cela permettrait de se conformer à notre époque qui exige d'abandonner des pratiques rétrogrades et de suivre la mondialisation. Je constate aussi avec amertume que d'après vous, un nombre élevé d'enfants contribue à l'agrandissement de la fortune de la famille. Vos enfants et vos femmes sont une source de revenus indispensable. Donc, envoyer ces enfants à l'école serait un frein à l'enrichissement pour certains d'entre vous.

Nous devons comprendre qu'un nombre élevé d'enfants n'est pas une source de richesse. Penser le contraire est ridicule, tragique et irresponsable. Il faut absolument interdire l'exploitation des enfants (enfant soldat, enfant travailleur). Cette pratique est ridicule, elle empêche l'instruction des jeunes gens et paralyse le développement du continent en voie de développement.

Force est aussi de constater que le problème de l'exode rural est aussi un gros problème. Ce déplacement massif des jeunes de la campagne vers la ville entraine non seulement la surpopulation dans les métropoles, mais aussi et surtout la désertification des zones rurales. La délinquance juvénile est en plein essor, car les jeunes s'adaptent mal à leur nouvel environnement. Le vagabondage fait d'eux des bandits de grand chemin, car sans travail, ils se lancent dans des activités douteuses. Ils s'enrichissent de manière illégale. La plupart du temps, cela est inévitable.

Donc, je ne peux m'empêcher de partager le point de vue de Voltaire pour qui « le travail est l'aliment des âmes nobles ; il éloigne de nous trois maux : le vice, l'ennui et le besoin ».

Pour stimuler le développement, nous devons éviter le complexe racial et tribal. Nous devons privilégier l'humanisme, éviter le favoritisme, le retour aux pratiques ancestrales, la sorcellerie, la croyance à la magie. Nous devons promouvoir l'unité, la solidarité, éviter le matérialisme, l'égoïsme dans tous les domaines.

J'affirme que tout enrichissement considéré comme une fin en soi est en fin de compte un appauvrissement. Le matériel est une entrave à l'épanouissement de l'âme. Il dégrade la qualité des échanges qui permettent pourtant l'épanouissement de l'âme. L'être humain ne doit pas chercher une entrave, il doit plutôt chercher à changer sa mentalité.

Tant que nous aurons des pensées rétrogrades et négatives, nous resterons sous-développés.

Notons qu'un pays en voie de développement se caractérise par un revenu par habitant faible par rapport à celui des pays développés tels que les États-Unis d'Amérique, le Japon, le Canada ou encore les pays de L'Europe occidentale.

Sur le plan social, le pays en voie de développement se distingue par :

- une faible couverture sanitaire
- le taux d'analphabétisme élevé
- des habitations inadéquates (bidonvilles et habitations vétustes)
- une alimentation très pauvre et réduite au minimum vital
- une espérance de vie faible
- un faible niveau d'investissement en capital humain (la majeure partie de la population travaille dans le secteur primaire, agricole et dans l'élevage avec des techniques de production rudimentaires : utilisation des houes et des machettes dans le secteur agricole. Ces outils exigent beaucoup d'efforts physiques et donnent des résultats médiocres). Au total, les conditions de vie dans les pays en voie de développement se caractérisent par la précarité et même la pauvreté.
- le problème de la démographie rencontré dans les pays sous-développés.

(C'est l'étude de la croissance d'une population donnée à un moment déterminé). De l'avis général, le niveau de vie d'un pays s'améliore lorsque la production s'accroît plus vite que la population. Or, dans les pays sous-développés, le taux de natalité est plus élevé et la croissance démographique n'est pas contrôlée. En outre, les techniques de production demeurent rudimentaires. Ainsi, la population croît plus vite que la production, ce qui affecte le niveau de vie. Pour faire face à cette situation préoccupante, plusieurs pays ont pris un ensemble de mesures destinées à freiner la croissance démographique.

De nombreux pays se sont lancés dans des campagnes de sensibilisation pour promouvoir la régulation des naissances. D'autres pays sont même allés jusqu'à limiter systématiquement les naissances. C'est le cas de la Chine, de l'Inde, pays dans lesquels les mesures de régulation des naissances sont très sévères et suffisamment dissuasives.

En matière de stratégie efficace destinée à assurer le progrès économique d'une nation, il paraît indispensable de mettre l'accent sur les qualités des ressources humaines. La priorité doit être donnée au secteur de l'éducation et de la santé. Il s'agit de prévenir les maladies pour offrir à l'économie une main d'œuvre compétente et efficace. Tout cela permet aux travailleurs d'être plus heureux et à la production de s'améliorer. En réalité, le capital humain constitue le seul véritable catalyseur du développement économique.

Le rôle important du travailleur qualifié apparait souvent lorsque des équipes hautement qualifiées arrivent à assurer une productivité au-dessus des attentes des consommateurs dans les pays sous-développés.

Après avoir donné son cours aux autochtones, Patrick retourne dans sa case au toit de chaume. Il est préoccupé par son désir de renouer avec Christelle.

Patrick est hébergé dans l'une des cases d'hôte de la chefferie, à proximité de la case de la belle-mère de Christelle.

Le lendemain matin, Patrick guette discrètement Christelle. Pendant que Christelle porte sa calebasse sur la tête pour aller puiser de l'eau à la source, il s'en va discrètement à sa rencontre. Christelle est vêtue de son pagne multicolore, son foullard attaché sur sa tête, ses sandalettes en caoutchouc aux pieds. Elle porte sa calebasse en terre cuite, posée sur un rouleau d'un autre pagne qui soutien la canarie remplie d'eau déposée sur sa tête. Elle incarne la femme africaine. Patrick est impressioné de sa métamorphose.

PATRICK — Salut ! Madame Ne-Safircetou !

CHRISTELLE. — Salut ! Tu es revenu ? Pourquoi encore ?

Elle poursuit son chemin, Patrick l'a devancé, et il se met devant elle comme pour l'empêcher de poursuivre son chemin. Elle s'arrête pour l'écouter.

PATRICK — Attends ! Ne t'en va pas ! Sais-tu que je n'ai pas pu faire l'amour avec Jessica ? Ça ne marche pas ! Tiens ! J'aimerais essayer avec toi ! Maintenant, je sais ce que je veux ! C'est toi que je veux et personne d'autre ! C'est avec toi que j'ai réellement fait l'amour pour de vrai.

CHRISTELLE — C'est insensé ! Attends ! Je rêve ! Tu es complètement dérangé hein ? C'est incroyable ! Et vous ! Vous croyez que cela suffit pour oublier tout le mal que vous m'avez fait ? Je vous rappelle que je suis mariée maintenant et que j'attends la confirmation de notre union par les ancêtres de mon mari avant que notre mariage soit consommé, au cas où vous auriez oublié.

PATRICK — Quand est-ce qu'il vous a proposé le mariage ?

CHRISTELLE — Pas d'importance ! Lui et moi sommes engagés par cette union ! À présent, c'est terminé la conversation ! Je file chez ma belle-mère, elle va sans doute s'inquiéter, nous n'avons plus rien à nous dire ! Salut.

Patrick, désarmé, reste bouche bée.

Le lendemain matin, les vieillards et vieilles femmes s'installent sur les bancs publics en bambou pour s'instruire. Patrick leur apprend à lire et à écrire à l'aide du grand tableau noir accroché sur l'arbre.

Quelques jours plus tard, alors que Patrick est en train d'instruire les habitants à l'abri du grand arbre à palabre, il entend un grand cri d'alarme, c'est Christelle ! « Que lui arrive-t-il ? », demande-t-il, intrigué.

Il file en vitesse voir d'où viennent ces cris, une fois sur place, il trouve Christelle et Babady, le marabout et mari de Christelle. Il aperçoit Christelle en train de tirer sur le boubou de Babady et voit une autre femme toute nue qui est en train de se cacher derrière la porte de la chambre.

Voilà ce qui s'est passé : un couple stérile s'est présenté chez Babady le marabout pour demander de l'aide et guérir la stérilité de la femme ; Sanda, le mari, expose leur problème à Babady.

LE MARI — Maloume Babady ! Ça fait au moins cinq ans que nous sommes mariés ! Notre plus grand souci est d'avoir jusqu'à douze enfants, mais ma femme ici présente n'a fait que cinq enfants, je suis issu d'une grande famille, moi ! Tenez ! Mon grand-père en avait eu cinquante, et mon grand-père soixante-dix enfants. Vous comprenez ? C'est une honte pour moi d'avoir que cinq enfants ! Ma femme n'arrive plus à faire des enfants ; c'est pourquoi, connaissant votre compétence en médecine traditionnelle, nous n'avons pas hésité à venir ici chercher de l'aide ; s'il vous plaît, soignez ma femme.

Babady se tourne vers la femme, et il la regarde discrètement avec beaucoup d'admiration, à l'insu du mari.

BABADY — Je vous le promets, votre femme va avoir les bébés dont vous rêvez tant ! Croyez-moi.

Le marabout s'assoit alors sur sa natte, ses deux pieds croisés l'un sur l'autre, il jette quelques objets mystérieux sur le sol, puis il récite quelques paroles magiques.

BABADY — Les esprits m'ont dit ce qu'il faut faire pour soigner cette femme ; ils me demandent de vous dire ceci : toi le mari, tu vas partir chez toi et me laisser ta femme ici, pour quelque temps ; elle sera soignée par les esprits en personne. Ne t'en fais pas ; ta femme aura autant d'enfants que vous le désirez, je vous le promets ; repasse donc plus tard chercher ta femme.

Juste après le départ d'Ali, le mari de la femme stérile, Babady prépare sa potion mystérieuse en récitant quelques paroles magiques à voix basse, puis il s'adresse à la femme.

BABADY — Femme ! Les ancêtres m'ont répondu ainsi en ce qui concerne ta situation actuelle : pour que ce médicament te soigne et agisse efficacement sur toi, ça doit passer par mon corps avant de t'atteindre. Donc, je vais manger cette potion, après, je te prends dans mes bras, ainsi, le bébé tant attendu arrive dès le premier contact avec ton mari, je te le promets.

LA FEMME — Quoi ? Me prendre dans tes bras comment ?

BABADY — Femme ! Ne pose pas des questions, tu dois te contenter de faire ce que je te demande de faire ; pas de questions, car ton mari t'a confié à moi ! Faites-moi confiance. Je vais manger ce médicament, puis je te prends dans mes bras, ensuite, les esprits entraînent le médicament de mon corps dans ton corps. Déshabille-toi pendant que je mange la potion mystique, après je viens te rejoindre ma belle.

LA FEMME — Je dois enlever seulement ma robe et je garde mes sous-vêtements ?

BABADY — Non ! Ma chérie, tu dois tout enlever sur toi ! Même ta petite culotte.

Babady enlève à son tour son pantalon, et il reste habillé en juomba.

Pendant que Babady récite des paroles spéciales en mangeant sa potion magique, la femme se met toute nue comme le lui a demandé le marabout, et elle l'attend.

Quelques instants après, Christelle vient apporter à manger à Babady.

Elle frappe à la porte de Babady, puis elle ouvre la porte, elle rentre dans la case, trouve Babady en jumbo sans pantalon et une femme toute nue qui se cache derrière la porte quand elle voit Christelle. Surprise, celle-ci s'affole ; elle pousse un grand cri.

CHRISTELLE — Ho ! Ho! Salaud ! Ho! Le salaud ! C'est une nymphomane ! Faux jeton ! Je rêve ! Le connard ! J'ai découvert ton vrai visage à présent.

Sans tarder, elle balance la bouillie qu'elle tenait en main sur la figure de Babady qui esquive en même temps le coup de poing violent de Christelle qu'il essaye de calmer en vain.

Rabiatou, la femme nue, fuit pour se cacher derrière la porte. Elle lorgne discrètement Christelle et Babady le marabout en train de se chamailler.

Les cris de Christelle alertent Fatoumata, sa coépouse, la première femme de Babady. Celle-ci est enceinte de huit mois et demi, presque à terme pour accoucher de son troisième bébé. Elle dort tranquillement sur sa natte dans sa case quand soudain, elle entend des cris et le bruit de la bagarre.

Fatoumata se lève de sa natte et vient à son tour, se mêle à la bagarre avec son gros ventre ; elle se jette sur Babady son mari, elle s'acharne contre lui avec Christelle en criant de toutes ses forces.

Soudain, Sanda, le mari de Rabiatou, la femme nue, arrive aussi à son tour pour chercher sa femme. Il arrive, il trouve Babady, son ami marabout à qui il a confié sa femme dans le seul but de la soigner. Babady est torse nu, ses deux femmes sont en train de le taper, puis il voit Rabiatou, sa femme, nue en train de se cacher derrière la porte. Jaloux, il comprend que Babady a peut-être abusé de sa femme. Sans tarder, il enlève sa chemise et se jette à son tour sur Babady le marabout ; une terrible bagarre éclate entre les quatre personnes. Ils se tapent comme de vrais fous.

La nouvelle arrive rapidement à la chefferie. Patrick, qui était en train de faire l'école sous l'arbre avec les petits vieux, apprend par les passants la nouvelle de la bagarre. Il abandonne l'éducation des vieux et se précipite sur le lieu du drame.

Il trouve Babady sans pantalon, Christelle et sa coépouse Fatoumata enceinte, avec son gros ventre, Sanda et sa femme Rabiatou qui est toute nue et se cache derrière la porte pour lorgner les bagarreurs.

Il se dit : « Pourvu qu'on ne fasse pas de mal à cette femme enceinte ! Et surtout pas à Christelle. »

Il se mêle à la bagarre aussitôt pour protéger et défendre la femme enceinte et Christelle quand soudain, la femme enceinte pousse un grand cri qui attire l'attention de tout le monde : « Haaï ! Haï ! Haaï ! Wooï ! Wooï ! J'ai mal ! Mon bébé ! Woo ! »

Christelle arrête immédiatement de se battre avec les autres et crie : « Ha! Fatoumata ! Ça va mieux ? » Elle se hâte de tenir sa future coépouse Fatoumata par les mains, elle se tourne vers Patrick et s'adresse à lui d'un ton sec : « Vite ! Fais quelque chose, mon vieux ! »

PATRICK — D'accord ! Tiens-la bien ! Et tu la maintiens en position couchée, avec la tête soulevée ! Montre-lui également comment retenir son souffle ! Je cours à ma case chercher le nécessaire, j'arrive.

Tous les bagarreurs s'arrêtent et viennent au secours de la femme enceinte ; même Bintou, la femme nue qui était cachée, sort de sa cachette pour venir aussi au secour de la femme enceinte, tous s'occupent activement de la future maman. Chacun veut apporter son soutien à la future maman et à son bébé.

Babady le marabout, Ali le mari jaloux de Rabiatou, Christelle et Patrick, arrêtent subitement de se taper pour s'occuper tous de la future maman.

BABADY — Ho! C'est ma femme ! Fatoumata ! Qu'est-ce qui t'arrive ma chérie ? Tiens bon ma douce ! Je suis là moi ! N'ai crainte de rien ; je vais contacter immédiatement les ancêtres pour toi ! Tu verras ; tout va bien se passer ma chérie ! Les esprits vont t'aider à bien accoucher ho! Allaouacoubarou ho! Pendant que Patrick court chercher le nécessaire pour l'accouchement de la femme de Babady, Babady court à son tour chercher ses grigris.

Pendant que les autres sont en train de s'occuper de la femme en train d'accoucher, Babady le marabout, le futur père, court dans sa case. Il apporte sa natte et son grand chapelet. Il s'assoit sur sa natte et se met à réciter des paroles mystiques pendant que Patrick fait son possible pour faire accoucher la femme.

Patrick revient avec de l'alcool, une paire de ciseaux, une serviette.

Incroyable ! C'est précisément à ce moment chaotique que Christelle et Patrick échangent des paroles pour la première fois, dans le seul but de venir en aide à la pauvre future maman qui se trouve dans une situation difficile.

Christelle et Patrick font leur possible pour réussir à accoucher la femme. Le bébé sort du ventre de sa mère, Patrick lui coupe le cordon ombilical, Babady rejoint sa femme Fatoumata avec leur bébé pour la consoler, Sanda le mari de Rabiatou, la femme nue, enlève ses vêtements pour couvrir la nudité de sa femme, ensuite, ils saluent la maman du nouveau-né et ils s'en vont.

Après l'accouchement, Christelle, furieuse, dit à Babady : « Sache que notre histoire est terminée dès aujourd'hui. Je ne suis plus ta femme ! Oublie-moi. »

Babady reste la bouche grande ouverte, sans plus oser parler. Patrick tient la main de Christelle et ils s'en vont pour une nouvelle vie à deux.

À ce moment, Christelle qui s'imaginait que Patrick était un homme sans cœur, comprend qu'elle s'était trompée. Christelle et Patrick retrouvent leur amour perdu, ils s'associent pour œuvrer pour le développement du pays.

Christelle rassemble toutes les femmes du village pour les instruire : elle leur enseigne d'éviter de consulter un marabout, d'exiger de leur mari de limiter le nombre d'enfants, d'avoir peu d'enfants pour pouvoir leur assurer une bonne vie future, une éducation. Elle leur apprend aussi comment exiger de l'homme de mettre un préservatif, de consulter un médecin qualifié à l'hôpital et non un marabout quand elles sont malades, de consulter également un gynécologue régulièrement, surtout quand elles sont enceintes et même quand elles désirent avoir un enfant. Honneur au geste noble de Patrick : cette célébrité qui ose quitter son confort pour réveiller les consciences. Patrick fait un plan de développement dans l'espoir d'une approche participative.

Patrick, en plus des cours qu'il a commencé à dispenser, invite Christelle à l'aider à réaliser des projets conçus en Europe. Ensemble, ils se servent de leurs relations en Occident pour acquérir un tracteur, non seulement afin de développer leur propre plantation sur le terrain qui leur a été offert par le chef du village, mais aussi pour aider les planteurs du village et ceux des villages environnants à accroître leur production. Pour mener à bien l'exploitation de la vaste plantation, Patrick et Christelle ont embauché des jeunes gens qu'ils ont fait former ainsi que des femmes qui n'étaient pour la plupart que des ménagères.

Patrick a également fait construire deux centres de santé, l'un pour animaux et l'autre pour les hommes. Lorsque ces centres commencent à fonctionner, Patrick invite de nouveau Mamady. Ce dernier n'a toujours pas obtenu satisfaction relativement à sa demande d'asile politique. Cette invitation se présente à Mamady comme une énorme opportunité à saisir. Il donne son accord à Patrick et entreprend les démarches pour retourner dans son pays. Dès son arrivée, il prend la direction du centre de santé pour animaux et commence à former des jeunes à son métier.

Malgré les quelques difficultés que rencontrent les deux amis rentrés d'Europe, leurs premières entreprises commencent à prospérer.

Qu'y a-t-il de plus merveilleux que de donner son plus grand bien, de se sacrifier par amour de l'humanité ?

Note d'intention

En écrivant cette histoire, mon soucis permanent reste concentré sur la notion de perte de cerveaux. C'est pour cela que le décor principal de cette histoire est le continent africain.

Je suis de ceux qui sont persuadés que le développement d'une contrée, ou d'un continent, passe d'abord par la prise en charge de l'instrument de progrès par les autochtones. En effet force est de constater que les cerveaux africains font le bonheur des pays du nord pendant que les leurs croupissent dans la misère parfois inexplicable. D'où, l'Africain comme l'auteur de son propre auto d'extrusion.

La question que je me pose c'est, justement, de savoir si le manque à gagner dans le processus du développement ne viendrait pas du manque de la matière grise qui enrichit l'ailleurs.

J'ai souhaité bâtir cette histoire préoccupante pour l'Afrique sur base d'une tragédie amoureuse et humaine.